인디 영화를 위한
크로마키 촬영과
이미지 합성

GREENSCREEN MADE EASY

인디 영화를 위한
크로마키 촬영과
이미지 합성

제러미 행크 · 미셸 야마자키 지음 | 이성은 옮김

북어브

"그린스크린이라는 설명하기 어려운 주제를 자세하고 유익하게 전달하는 이 책의 요령과 기술을 참고한다면 누구라도 합성 작업을 할 수 있다. 합성 공간 속의 피사체에 실제감을 부여하려면 작업을 업그레이드하는 타사 플러그인에 대한 뛰어난 리뷰와 좀 더 좋은 키를 추출하기 위한 총체적인 접근 방법을 반드시 읽어 봐야 한다."

– 아론 라비노비츠(All Bets Are Off Productions의 크리에이티브 디렉터)

"정말 놀라운 책이다! 필독 목록에 추가하고 스투 마슈비츠의 『DV Rebel's Guide』 옆에 나란히 꽂아 두어야 한다. 이 책의 내용은 어떻게 촬영하고 조명하며 완벽하게 키를 추출할 것인가의 문제에 대해 질문의 여지나 의문을 남기지 않는다. 자주 논란의 대상이 되는 내용이나 주제를 이렇게 제대로 다룬 책은 흔치 않을 것이다."

– 세스 핸콕(WXIN-TV의 제작 책임자)

"특수효과 분야에서 그린스크린은 매우 오랫동안 가장 비밀스럽고 중요한 기술이었다. 이 책처럼 주제를 잘 설명한 자료는 본 적이 없다."

– 메이슨 딕슨(시카고아트인스티튜트)

"최근에 거의 모든 장면을 그린스크린에서 촬영한 TV 시리즈 각본을 끝냈다. 작품을 시작할 때에는 로토스코핑이나 마스크가 무엇인지 전혀 몰랐다. 그때 이 책을 읽었더라면 단번에 알 수 있었을 텐데……. 이 책의 저자들은 그린스크린이라는 어려운 기술과 위압적인 세계를 나처럼 책상 앞에만 앉아 있는 문외한도 이해할 수 있도록 간단하고 쉽게 설명했다. 실제로 After Effects를 사용하는 후반 작업자든 작가, 감독, 배우, 제작자든 프로젝트의 반대편 무대에서 무슨

일이 진행되고 있는지 이해하는 데 이 책이 도움을 줄 것이다."

"총괄적이고 눈에 쉽게 들어오는 내용은 초보자뿐 아니라 그린스크린을 효과적으로 이용할 방법을 찾아 수년 동안 고군분투해 온 우리 같은 사람들에게도 직결된다. 영화와 TV 제작을 공부하는 학생들에게 이 책을 추천한다. 몇 가지 간단한 내용을 실제로 작업에 적용해 보았는데 놀라울 정도로 유용했다. 좋은 결과를 내기 위해 노력하는 학생, 독립 영화 관계자, 후반 작업자라면 이 책이 필요할 것이다."

"Swiss Army 나이프와 같은 이 책을 『DV Rebel's Guide』 옆에 꽂아 두었다. 어떤 작업에도 필요한 톱과 드라이버 같은 도구라고 할 수 있다. 이 책은 주의를 집중하여 쉽게 실행할 수 있도록 설명하면서 동시에 최고의 정보와 기술을 알려 준다."

"오늘날과 같은 디지털 영화 시대에는 수많은 뮤직비디오와 영상을 그린스크린을 배경으로 촬영하고 Final Cut Pro에서 녹색을 추출한다. 전에 영상을 만들기 전에 이 책을 알았더라면 정말 큰 도움이 되었을 것이다."

"이 책은 빈틈없이 검증된 자료를 분명한 이미지로 전달하여 저예산으로도 고액을 투자한 프로덕션 못지않은 영화를 만들게 해 준다. 매 페이지마다 영화 제작에 필요한 내용이 적혀 있다."

– 제롬 올리비에(Missing Pages의 작가, 감독, 프로듀서)

"촬영에서 후반 작업까지 그린스크린에 대한 이해를 돕고 작품에 확실히 적용할 수 있도록 해 주는 책이다. 영화를 공부하는 사람이나 제작자, 애니메이션을 하는 사람에게 도움이 될 것이다."

– 드루 느겟(〈쿵푸 팬더〉, 〈트레이터〉, 〈매드 머니〉를 제작한
Shine의 디자이너 겸 애니메이터)

"이 책을 읽으면 저예산 크로마키 촬영을 확실하게 파악할 수 있다. 4장 '그린스크린 만들기'는 인디 영화인과 같은 DIY족이 반드시 알아야 할 내용이며, 6장과 7장의 조명에 관한 내용은 지금까지 본 책 중에서 가장 이해하기 쉽게 설명되어 있다. 장편 영화를 만들기 전에 이 책을 읽었더라면 수백 시간에 걸친 자료 조사와 현장에서의 시행착오, 그리고 후반 작업의 악몽을 겪을 필요가 없었을 것이다."

– 라이언 그레엄(37.5 Studios의 작가, 〈라이블리후드〉의 감독)

"이 책에는 합성 작업을 훌륭히 해내는 데 필요한 모든 정보가 담겨 있다. 그린(블루)스크린 만들기부터 배경 요소를 일치시켜 촬영하기와 조명에 이르기까지 그린스크린이라는 주제와 관련하여 알아야 할 모든 내용이 있다. 또한 따라 하기 쉽고 재미있게 작업 과정 전체를 설명한다. 첫 번째 장편을 만들기 전에 이 책을 읽었다면 좋았을 것을……."

– 신디 베어(영화감독, 〈퍼거토리 하우스〉와 〈모비드 큐리어시티〉로 수상했음)

"이 책은 인디 영화 제작에 매우 중요한 지침서로, 최소 예산을 가진 아마추어도 따라 할 수 있다. 영화를 처음 만들기 시작했을 때 이런 내용을 알았다면 좋았을 것이다. 하지만 영화를 만드는 지금도 이 책이 있어서 좋다."

— 마이크 플래너건(영화감독, Mike Flanagan Films의 대표,
〈오큘러스〉·〈해밀턴 거리의 유령〉·〈스틸 라이프〉로 수상했음)

"저예산으로 시각효과를 만들 수 있을지 고민할 필요가 없다. 이 책은 보통 작업자를 위한 책이다. 예산에 맞는 카메라와 그린스크린 장비에 대한 정보부터 ADOBE After Effects의 풍부한 기술까지 실용적인 내용으로 이루어져 있을 뿐 아니라 조명, 카메라, 그린스크린 합성에 대한 내용도 있다."

— 던 로젠(특수효과 감독, Evil Eye Pictures의 대표, 대표작은 〈매트릭스〉·
〈캐리비안의 해적 2, 3〉·〈스파이더맨 3〉·〈스피드 레이서〉·〈오스트레일리아〉 등)

옮긴이의 글

오늘날 도구의 발달로 표현의 한계가 확장되는 속도가 빨라지고 있는 반면에, 편리해진 환경 속에서 감각과 상상력은 점차 빛을 잃고 손쉬운 자기 복제의 길을 선택하려 하는 것 같다. 인간의 능력은 척박하고 부족한 환경의 한계를 뛰어넘으려는 노력 속에 발전한다. 하지만 그럴 필요가 없어지면 감각과 상상력을 발휘할 기회도 적어질 수밖에 없을 것이다.

스스로 한계를 부여하고 뛰어넘으려는 노력을 계속하는 사람만이 진정한 영상인으로 거듭날 수 있기에, 영상을 공부하는 학생이나 열악한 환경에서 좋은 영상을 만들기 위해 고군분투하는 분들에게 이 책이 조금이나마 도움이 되기를 바란다.

2013년 8월

이성은

CONTENTS

크로마키란 무엇인가?

지금 이 책을 손에 들고 있다면 그 이유는 분명히 〈매트릭스〉나 〈반지의 제왕〉, 혹은 〈씬시티〉에서 본 할리우드의 특수효과에 매력을 느꼈기 때문일 것이다. 이처럼 현실에서는 촬영이 불가능한 영화를 촬영할 때 영화 제작자는 스토리텔링에서 보여 주고자 하는 세상을 실현하기 위해 크로마키를 사용한다.

열대의 정글이나 공상과학 속의 도시, 혹은 눈이 부시도록 휘황찬란한 도시의 번화가에 배우를 마술처럼 등장시키려는 영화 제작자들의 염원은 로버트 플로리Robert Florey와 슬라브코 보르카피치Slavko Vorkapich의 〈할리우드의 엑스트라 배우 9413의 삶과 죽음〉 그리고 프리츠 랑Fritz Lang의 〈메트로폴리스〉에서 고정 매트stationary matte(여러 프레임에 동일하게 적용하는 같은 형태의 매트 – 옮긴이)를 실험적으로 사용했을 때부터 시작되었다. 그 당시의 초기 영화 제작자들은 필요한 형태로 재단한 매트를 사용하여 필름 네거티브의 일부를 노출되지 않게 가리고 촬영한 다음에, 그와 반대되는 형태의 매트를 사용하여 처음에 가렸던 부분만을 노출시켜 촬영함으로써 장면을 부분적으로 교체하는 방법을 고안했다. 이와 같이 두 장면의 서로 다른 부분들을 조합했던 효과는 최초의 컴포지트라고 할 수 있다. 후에 〈메리 포핀스〉에서는 모션 매트를 사용하여 배우의 뒤에 있는 배경을 제거할 수 있게 되었는데, 이 모션 매트는 크로마키chromakey의 초기 형태이다.

그렇다면 크로마키란 무엇인가? ‘크로마키를 하다chromakeying’라는 표현을 다소 부담스럽게 느끼는 사람도 있을 것이다. 마치 1957년산 쉐보레와 같은 구식 자동차의 범퍼에 많은 돈을 들여서 크롬 도금을 한다는 의미로 들릴 수도 있어서 조금은 헷갈린다. 그렇지만 디지털 시대의 가장 인기 있는 파생어 중 하나인 ‘그린스크린greenscreen’에 어느 정도 의미가 흡수되었기 때문에 친숙하게 느껴지는 사람도 많을 것이다.

이 책을 준비하면서 많은 자료를 봤지만 20세기 폭스 사의 〈온더랏〉 결승전에 진출했던 영화 효과 제작자인 자크Zach Lipovsky의 설명보다 더 간단히 정의 내리기는 어려울 것 같다. “기본적으로 그린스크린이란 카메라에게 녹색으로 보이는 것은 모두 감독이 원하는 것으로 대체하라는 것이다.”

‘크로마키를 하다’라는 말은 어디에서 유래되었을까? 전문 용어인 ‘크로마chroma’는 카메라가 기록할 수 있는 색상을 가리킨다. (이에 비해 ‘루마luma’는 카메라가 기록할 수 있는 빛을 가리킨다.) 그리고 ‘키잉keying’은 매트를 사용하여 이미지의 일부분을 가리는 것으로서 예전의 제작 방식에서 유래된 용어이다. 단순하게 말해서 ‘크로마키를 하다’란 어떤 색상이든 지정된 색상을 제거하고 제거된 색상의 형태대로 매트를 만드는 것을 의미한다. (크로마키에서 녹색이나 두 번째로 인기 있는 색상인 파란색이 초기부터 사용되었던 것은 아니기 때문에 이렇게 설명하는 것이 적절하다고 여겨진다. 〈메리 포핀스〉에서는 노란색이 사용되었다.) 매트로 가린 부분은 키잉 또는 편집 소프트웨어에서 원하는 배경으로 교체된다.

(미국의 경우에는) 방송 업계에서 '크로마키'라는 용어를 남용하는 경향이 있기 때문에 이 책에서는 혼동을 피하기 위해 '그린스크린'이라는 용어로 통칭하기로 한다.

그린스크린의 배후에 있는 기술적 지식을 어느 정도 안다고 해서 실제로 감쪽같은 그린스크린 효과를 만들어 낼 수 있는 것은 아니다. 피사체와 다른 색을 배경에 칠하고 사물이나 인물을 촬영하는 것은 어렵지 않은 일이고, 어떤 편집기나 키어keyer를 사용하든 간에 배경을 지울 수 있다. 하지만 예측할 수 없고 불가사의한 이 분야에 발을 담그게 된 사람이라면 분명히 자신이 만든 결과가 ILM이나 TroubleMaker Studios의 작품과 비교할 만한 것이 못 된다는 사실을 깨닫고 있을 것이다.

그린스크린을 시도해서 좋은 결과를 얻지 못했다면, 아마도 저예산으로는 그럴듯한 결과를 얻을 수가 없으며 편집에서 그 부분을 잘라 버리는 편이 나으리라 생각하고 싶은 마음이 굴뚝같을 것이다. 할리우드의 스튜디오는 훌륭한 장비와 소프트웨어는 물론이고 영화를 마술처럼 바꿀 수 있는 큰 자본을 갖고 있기 때문에 우리가 할 수 없는 것들을 이룰 수 있다고 믿어 버리는 것도 쉬운 일이다. 그래서 이 책을 준비하면서 저예산 영화에서 훌륭한 그린스크린 결과물을 만드는 데 장애가 되는 가장 일반적인 문제가 무엇인지 정리해 보았다.

일단은 그린스크린 기술에 대해 알려진 정보가 부족하다는 점이었다. 앤드류 크레이머Andrew Kramer가 운영하는 Creative Cow 사이트를 제외하면 최근까지도 저예산 영화 제작자들이 그린스크린에 대해 정보를 얻을 수 있는 곳이 거의 없다. 저예산으로 영화를 제작해야 한다면 색채, 조명, 카메라 상태, 키잉 소프트웨어의 배합이 제대로 맞아 원하는 결과가 나오기를 기대하면서 보통 수준의 영상에라도 도달하기 위해 고군분투하는 수밖에 없다. 그중에는 독학으로 성공한 사람이 몇 명 있지만 기술을 다룰 수 없어서 포기한 사람이 훨씬 더 많다.

최근 들어 그린스크린에 관심을 갖는 잡지가 늘어나고 책도 출간되었지만 대개의 내용이 사실적인 이미지보다 비실사 그린스크린 작업에 중점을 두고 있다. 디지털 배경 앞에 기상 캐스터가 서 있는 안내 방송물이나 피사체를 그린스크리닝 하는 기술이, 컴퓨터그래픽스로 만든 대웅전 안으로 주인공이 걸어 들어가는 장면을 실감나게 보여 주는 그린스크린 기술과 동일하다고 볼 수는 없다. 일기예보나 안내 방송물에 컴퓨터 이미지가 사용된다는 것 정도는 누구나 알고 있기 때문에 관심조차 둘 필요가 없지만, 영화라면 배우가 현장에 실제로 있다는 느낌을 줄 수 있어야 한다. 저예산 영화의 그린스크린은 지구상에서 가장 난해한 마술 쇼와 같다. 할리우드에서처럼 만들 수 있는 예산이 없다면 그보다 더 숙련된 손놀림으로 재빠르게 움직일 수밖에 없기 때문이다.

현실적인 한계를 깨달았을 때 극복할 방법을 찾게 되므로, 이 장에서는 저예산 영화 제작자가 장비로 인해 부딪히는 한계를 인식할 수 있도록 돕고자 한다.

그린스크린 작업에서 실망스러운 결과를 얻게 되는 이유는 원본 영상이 최적화된 상태가 아니라는 사실에서 기인한다. 최적화되지 않아서 품질이 떨어지는 영상이란 어떤 것일까? DV, HDV, 그리고 대부분의 HD 영상도 최적화된 영상이라고 볼 수 없다. 이는 주변에서 구하기 쉬운 DV, HDV, HD 카메라가 빛(루마)과 색(크로마) 정보를 기록하는 방식 때문이다. (여기서 유일한 예외는 RED 카메라뿐인데, 그 이유는 RED의 회장인 짐 저나드Jim Jannard가 Oakley Sunglasses의 소유주인 데다가 백만장자로, 할리우드 수준의 디지털카메라를 경쟁 제품의 10~15% 가격에 기꺼이 판매하고 있기 때문이다. 최저가인 3만 달러도 대부분의 독자들에게는 여전히 부담스러운 가격이지만 25만~30만 달러를 호가하는 경쟁 제품과 비교하면 혁신적으로 진일보한 것이다.)

이 책에서는 SD, HDV, HD와 같은 컬러 압축 방식의 카메라에서 비롯되는 한계를 극복할 수 있도록 최대한 많은 정보를 제공하고자 한다.

인간의 눈은 넓은 대역폭을 필요로 하는 색 정보 간의 차이를 빛 정보 간의 차이만큼 확실하게 구분할 수 없다. DV 카메라 제작사들은 카메라에서 사용할 녹화 및 코덱의 압축 정보에 관한 협의를 하면서 센서가 감지하는 모든 픽셀의 명암 정보를 기록하기로 한 반면에 NTSC DV 카메라의 색 정보에 대해서는 4개의 픽셀마다 1개씩만 기록하기로 했다.

이것을 '4:1:1' 색 공간이라고 하는데, '4'는 4개의 픽셀이 한 단위이며 4개 모두의 명암 정보가 기록된다는 것을 의미하고, 첫 번째 '1'은 그 4개의 픽셀 중에서 1개의 색 정보만 첫 번째 줄에 기록된다는 의미이다. 그리고 마지막 '1'은 4개의 픽셀 중에서 1개의 색 정보가 두 번째 줄에도 기록된다는 의미이다. 그러고 나서 정보가 압축되는데 다행히도 각 프레임은 개별적으로 압축된다.

PAL DV 카메라(그리고 HDV 카메라)는 '4:2:0'의

4:1:1(NTSC DV) 샘플링

○ = 휘도(명도) 정보   ◎ =색차(색상) 정보
※그림에서 픽셀을 원으로 표시했지만 실제 픽셀은 사각형이다.

SD 샘플링에서는 4개의 픽셀에 대한 명암 정보가 기록될 때마다 색 정보는 1개의 픽셀에 대한 것만 기록된다.

4:2:0(PAL DV/HDV) 샘플링

PAL과 HDV 샘플링은 2배의 정보를 기록하는 것처럼 보이지만 2개의 라인마다 1개의 라인에만 정보를 기록한다. 즉, 다른 1개의 라인에는 색 정보를 기록하지 않는다.

색 공간에 기록된다. 4개의 픽셀 단위로 4개의 명암 정보가 기록되는 것은 마찬가지이지만 첫 번째 줄에서 4개의 픽셀마다 2개의 픽셀에 대한 색 정보가 기록되고, 두 번째 줄에서는 색 정보가 기록되지 않는다. NTSC DV와 마찬가지로 PAL DV의 각 프레임도 개별적으로 압축된다.

HDV에서는 1개의 테이프에 영상 한 편을 전부 기록할 수 있도록 여러 개의 프레임을 7~15개 단위로 묶어서 압축한다(JVC : 7개의 프레임, SONY : 15개의 프레임). 여러 프레임을 모아서 섞었다가 풀어 놓은 다음에 키를 추출하므로 좋은 키를 얻기가 더욱 어려워진다.

HD 카메라는 PANASONIC HVX200A에서 Viper 카메라의 압축 영상에 이르는 모든 것을 포함하며 4:2:2의 색 공간을 갖는다. 즉, 4개 픽셀 단위로 4개의 픽셀 모두에 대한 명암 정보가 기록되고, 홀수 줄과 짝수 줄 모두에서 2개의 픽셀마다 1개의 색 정보가 기록된다. 영상은 하드 드라이브나 테이프에 기록되기 전에 압축되지만 각 프레임은 DV와 마찬가지로 개별적으로 압축되므로 압축에 의한 손실이 적다.

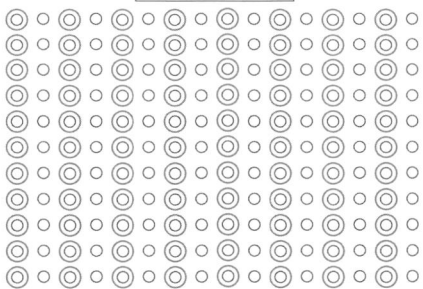

4:2:2(HD) 샘플링

PANASONIC HVX200과 같은 HD 카메라는 2개의 픽셀마다 한 번씩 색 정보를 기록하기 때문에 SD에 비해 2배에 달하는 색 정보를 기록한다.

로버트 로드리게즈Robert Rodriguez가 영화 〈씬시티〉를 촬영하는 데 사용했던 최고급 카메라의 색 공간은 무압축 4:4:4이다. 즉, 모든 픽셀의 명암과 색 정보가 압축되지 않고 대용량 저장 장치에 기록되는 것이다.

색 정보가 충분하기 때문에 키 프로그램에서 픽셀의 위치를 추측할 필요가 없으므로 크로마키 작업에서도 선택의 폭이 최대한 넓어진다. (앞서 언급한 RED 카메라에서도 동일한 색 공간을 제공하며 무압축 RED 코드 RAW 스트림으로 기록된다.)

RED 카메라의 가격이 좀 더 낮아진다면 몰라도, 누구나 4:4:4를 선택할 수가 없기 때문에 여러분이 만든 작품이 비싼 가격에 팔릴 것 같지 않다면 색 정보가 기록되기 전에 카메라에서 신호를 낚아채는 수밖에 없다. (믿기지 않겠지만, REAL STREAM에서 제작한 2,500달러의 장치를 DVX100이나 HVX200A 카메라에 부착하면 카메라의 이미지에서 무압축 4:4:4 데이터를 내려받을 수 있다. 유감스럽게도 데이터를 읽는 프로그램이 맥용뿐이고 다루기가 매우 불편하다고 알려져 있다. 앞으로 문제가 해결되고 시스템이 호환되는 패키지가 출시되기를 바랄 뿐이다.)

지금까지의 내용을 읽다 보면 무압축 4:4:4 카메라를 갖춰야만 그린스크린 기술을 제대로 활용할 수 있는 것은 아닌가 하는 의문을 갖게 될 것이다. 하지만 이 책의 목적은 하위급 카메라로도 최상의 키를 추출하는 지식을 갖출 수 있도록 돕는 것이다. 앞으로도 동일한 관점에서 각자에게 가장 이상적인 그린스크린을 구입하거나 만드는 방법, DV/HDV/HD 영상에서 그린스크린과 배우를 제대로 조명하고 깨끗하게 촬영하는 방법, 그리고 최종적으로 어떻게 키 이미지를 실사 및 3D 그래픽 이미지와 합성할 것인가에 대해 얘기하고자 한다. 평탄치 않은 여정이지만 마음의 준비를 하고 즐겁게 헤쳐 나가기를 바란다.

그린스크린의 구입과 제작

로버트 로드리게 즈가 사용했던 카메라나 RED 카메라를 구할 수 있을 때까지 기다릴 생 각이 없다면 4:1:1 카메라 인 PANASONIC DVX100 을 사용하거나 4:2:0 카

메라인 SONY HVR-Z1U 또는 4:2:2 카메라인 PANASONIC HVX200A를 사용하게 될 확률이 높다. 그렇다면 후반 작업에서 사용할 키를 깨끗하 게 추출하기 위한 첫 단추를 어떻게 제대로 끼울 수 있을까?

성공적인 결과를 얻기 위해서는 가능한 한 최상의 그린스크린을 구 매하거나 제작하는 일이 최우선이자 가장 중요하다. 그린스크린을 확 보한 다음에는 조명을 하고, 위치를 잡고, 제대로 관리하는 방법을 알아야겠지만 이에 대한 설명은 다음 장에서 할 것이다.

그린스크린의 구매 또는 제작 여부를 결정하기 전에 항상 맞닥뜨리게 되는 다음 질문에 먼저 답을 해 보자. 반드시 그린스크린이어야 할까? 그보다는 블루스크린을 사용해야 하는 것은 아닐까? 이러한 용어들은 DVD의 보너스 영상에서 매번 봐 온 내용이거나 특수효과 책을 보더라도 상호 대체가 가능하다고 여겨지기 때문에 어떤 목적으로 어느 색상을 사용해야 할지 파악할 수가 없다. 이 문제에 대해서는 전문가조차 구체적으로 생각하지 않는 것 같다. 언젠가 동료 작가들 중 한 명이 할리우드의 산업 시찰에 참가했을 때, 누군가가 안내자에게 그린스크린과 블루스크린의 실제적인 차이가 무엇인지 질문을 했더니 "블루스크린은 파란색이고 그린스크린은 녹색이죠."라는 실없는 대답으로 얼버무리더라는 것이다.

그렇다면 그린스크린과 블루스크린은 어떤 차이가 있을까? 색상은 두 가지 점을 고려해서 선택한다. 하나는 피촬영자의 옷, 머리카락, 눈의 색상이고, 다른 하나는 기록 매체이다.

배우가 파란색 옷을 입고 있다면 그린스크린을 선택하는 것이 당연하고, 그린스크린을 사용할 경우 (녹색보다는) 파란색 옷을 입어야 한다는 것 정도는 분명히 알 수 있지만, 머리카락이 스크린 색의 직접적인 영향을 받는다는 것은 그만큼 확실하게 드러나지 않는다. (머리카락을 파란색이나 녹색으로 물들인 경우가 아니어도) 금발의 경우에는 녹색을 흡수하기 때문에 그린스크린에서 키를 추출하기가 매우 어려우므로 금발의 배우는 으레 블루스크린 앞에서 촬영을 하게 된다.

배우의 머리가 금발이 아니고 파란색이나 녹색 옷을 입지 않았다면 녹화할 매체를 고려한다. 필름에서는 파랑의 수평 해상도가 뛰어나기 때문에 필름에 녹화하는 경우라면 블루스크린이 가장 현명한 선택이다. 이에 비해서 디지털 녹화 시에는 녹색의 데이터가 더 많이 기록되므로(특히 저가의 카메라일수록 빨강과 파랑 채널에서 정보를 누락시키는 경향이 있다) 이 책의 독자들에게는 그린스크린이 최적의 선택이라고 할 수 있다.

하지만 디지털 영상을 제작한다고 해서 금발의 배우나 녹색 의상(혹은 밝은 녹색 눈동자)을 촬영하지 않을 때조차 블루스크린의 개념을 완전히 버릴 필요는 없다. 디지털 비디오카메라를 사용하여 블루스크린에서 상당히 유용한 키를 추출할 수 있을 뿐 아니라 실제로 저가 조명에서는 파랑을 튀게 만들기가 훨씬 쉽다(즉, 전방에 있는 피사체와 차이가 더 커지기 때문에 키를 추출하기가 수월하다).

또한 필름에서처럼 최종 컬러패스에서 유행하는 파란색 틴트를 거치는 경우나 물 또는 구름 효과를 사용할 때에도 블루스크린이 유리하다. (예를 들어 〈에반 올마이티〉의 거대한 홍수 장면은 물의 파란색 때문에 블루스크린을 사용하여 성공적인 사례이다.) 그 밖에도 색이 번져 나오는(배경의 색이 배우에게 반사되는) 경우는 후반에 지울 수 없지만 블루스크린을 사용하면 파란색이 녹색보다 사람의 눈에 덜 띄기 때문에 유리하다는 부가적인 이점이 있다. 최소한 블루스크린을 테스트해 보고 원하는 결과를 얻는 데 도움이 되는가를 확인해 볼 필요가 있다.

그러나 많은 독자들은 대개의 경우 그린스크린을 사용하게 될 것이므로 실제로 블루스크린을 언급하는 경우가 아니라면 모든 색상의 키잉 기술을 그린스크린이라고 통칭하기로 한다.

이제 그린스크린을 구매할 것인가 또는 제작할 것인가 하는 문제로 넘어가자. 정답은 없지만 결정을 내리는 데 필요한 기준을 검토해 볼 수 있다.

첫 번째로 그린스크린 기술로 무엇을 할 것인가를 검토한다. 배경에 있는 빌딩, 트럭, 가로등을 지워서 사용할 수 있는 장면을 만들려는 것인가? 혹은 배경에 있는 자연을 전부 제거할 것인가?

전자의 경우에는 보통 조립형 그린스크린을 구매하는 것이 낫다. 명칭에서도 알 수 있듯이 최소의 노력으로 빨리 설치하고 해체할 수 있으므로 배경에서 몇 가지 요소만 제거하고 주변의 나머지를 남겨 두는 데 이상적이다. (좋은 사례로 〈반지의 제왕〉을 들 수 있다. 휴대용 그린스크린으로 하늘과 불필요한 요소들을 가리고 나머지 환경은 있는 그대로 촬영했다.)

자연적인 배경을 모두 배제하려면 그린스크린 스튜디오를 만들어야 한다. 그린스크린 스튜디오를 전문적으로 제작하는 회사들이 있지만 예산이 초과될 수 있으므로 자체 제작할 방법을 찾아야 할 것이다. 일단 제작이 완료된 후에는 (〈씬시티〉에서와 마찬가지로) 우주에서 〈디스크월드〉(Perfect Entertainment에서 제작한 어드벤처 게임 – 옮긴이)에 이르는 사이의 어떤 배경에도 배우를 등장시킬 수 있다.

두 번째로 그린스크린을 영상의 일부에 국한해서 사용할 것인가? 혹은 지속적으로 사용할 것인가? 사용이 일부에 국한된다면 접을 수 있는 그린스크린이 편리하고 가격도 비싸지 않을뿐더러 자리도 차지하지 않는다. 하지만 그린스크린 작업 분량이 아주 많다면 그린스크린 스튜디오 제작을 신중하게 검토하고 접이식 그린스크린도 갖춰야 할 것이다.

기본적으로 고려할 여건 외에도 여러 개의 접이식 그린스크린을 연결하여 스튜디오를 만들거나 이동이 가능한 판에 색을 칠해서 불필요한 배경을 지울 수도 있다. (앞으로 언급하게 될 영화 〈더티 트라우저스〉에서도 이와 같은 임시 그린스크린이 여러 번 사용되었다.)

다음 장에서는 그린스크린을 구매하거나 제작하는 방법에 대해 알아보자.

그린스크린 구매 시의 선택 사양

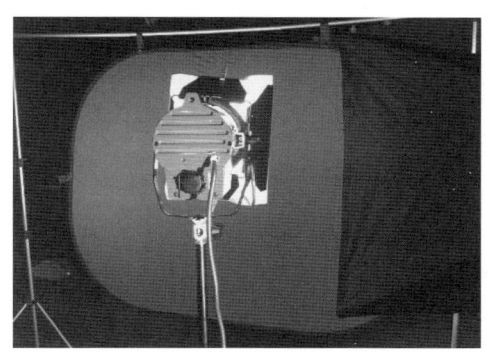

예산이 충분하다면 그린스크린을 구매하는 것이 최선의 선택이다. 전문적으로 도장된 그린스크린을 사용하면 키를 균일하게 추출하기가 수월하다. 같은 녹색(또는 파란색)이라도 제작사에 따라 색상에 차이가 있으므로 조명 과다에 대한 예방책으로 좀 더 짙은 녹색을 선택하는 것이 좋다. 그린스크린 작업 시에 과다하게 조명을 설치하는 경우가 생각보다 빈번하고, 녹색이 옅을수록 색이 증발되기 때문에 그린스크린에서 키를 추출하기가 더욱 어려워진다.

그렇다면 어떤 것이 있는지 알아보자.

두루마리 천 배경과 스탠드

두루마리 천과 스탠드는 운반하는 데 무리가 없고 배우가 서 있는 곳까지 펼쳐 놓을 수 있어서 파노라마식 배경 막의 효과를 낼 수 있다. (이에 관한 내용은 다음 장에서 다루겠지만, 파노라마식 배경 막 효과란 그린스크린 벽에서 마루로 이어지는 녹색 벽면이 둥글게 휘어 있어서 그림자가 걸리는 각진 모서리가 없는 것을 말하며, 각진 모서리에서 키를 추출하기는 매우 어렵다.) 제작사는 저가형 제품을 생산하는 IMAGEWEST나 효과를 만드는 ELSDON ENTERPRISES FX(EEFX)와 같은 곳부터 업계 표준의 젤, 필터, 그린스크린 배경을 생산하고 'DigiComp' 천을 생산하는 ROSCO에 이르기까지 다양하다. (DigiComp 제품군에는 페인트와 테이프도 포함되어 있으며, 테이프는 배경 천이나 폼 스크린을 이어 붙이거나 이동 숏에서 추적용 기준점을 표시하는 데 사용된다.)

배경 막을 구입할 때에는 가장 저렴한 그린스크린에 눈길이 가겠지만 막의 두께를 고려해야 한다. 반드시 그런 것은 아니지만 두꺼운 배경 막은 녹색이 진하게 발려 있어서 씻겨 나가지 않고 주름이 지거나 찢어질 확률도 훨씬 낮다. 필자의 경험상 얇은 면으로 만들어진 배경 막은 주름이 지기 때문에 비중 있는 작업에는 적절하지 않다.

소재는 ROSCO의 제품이 상당히 튼튼하지만 특수 안감을 덧대지 않았기 때문에 전혀 주름이 지지 않는다고 볼 수 없다. 그렇지만 테이프와 페인트를 포함하여 DigiComp에서 생산하는 일련의 색채 제품들과 완벽하게 호환된다. 배경 막 1필(152.4cm×914.4cm)의 가격이 110~120달러이며, 2필의 가격은 220~230달러이다. (천을 심 봉에 걸어 늘어뜨리려면 천의 일부로 심 봉을 넣을 고리를 만들어야 한다.) 연결 부위를 가리거나 배경 막을 고정시킬 수 있는 DigiComp 테이프 1롤(폭 5.08cm ×길이 5,029.2cm)의 가격은 23~25달러이다.

EEFX에서 판매하는 0.635cm 두께의 그린스크린 배경 막은 빛을 분산시키며, 폼을 덧대어서 주름이 지지 않고, 그 뒷면을 나일론 안감으로 마무리했기 때문에 찢어지지 않는다. 이음새가 없는 152.4cm× 365.76cm 크기 배경 막의 가격은 대략 70~80달러이다. 그리고 EEFX에서는 900달러 미만의 가격으로 중간 규모의 파노라마식 배경을 만들 수 있는 609.6cm×914.4cm 크기까지 배경 막을 연결해 준다. (EEFX에서는 배경 막의 크기에 따라서 15~50달러에 심 봉을 넣을 수 있는 고리를 만들어 준다.)

휴대용 플렉스 스크린

휴대가 가능한 플렉스 스크린은 전신 촬영 숏이 없는 경우에 좋다. 이 제품은 PHOTOFLEX 반사판이나 캠핑용 텐트와 마찬가지로 접힌 상태에서 용수철처럼 펼쳐진다. 다시 접는 일이 번거롭지만 전반적으로 매우 편리하다. 어디든 보관할 수 있으며, 대부분의 롤 방식 배경 막에 비해 소재가 무겁고 프레임이 천을 당겨 주기 때문에 주름이 거의 생기지 않는 데다가 대부분의 제품이 한 면은 녹색, 다른 면은 파란색이기 때문에 하나의 스크린을 두 가지 용도로 사용할 수 있다. 플렉스 스크린은 IMAGEWEST, LASTOLITE, PHOTOFLEX, WESTCOTT의 제품을 60~400달러에 구입할 수 있다.

유용한 플렉스 스크린의 아킬레스건은 검은색 테두리이다. 왜 그린스크린의 테두리를 검은색으로 둘렀는지는 알 수 없지만 스크린 전체가

플렉스 스크린은 임시 스튜디오나 현장에서 쉽게 조립하여 배우의 뒷배경으로 사용할 수 있고 휴대가 간편하다. 하지만 테두리가 대개 검은색이기 때문에 주의하지 않으면 합성 시에 문제가 생길 수 있다.

화면 안에 들어온다면 검은 테두리를 지워야 한다. WESTCOTT에서만 녹색 테두리의 접이식 그린스크린을 판매한다. (213.36cm×182.88cm 크기 양면 스크린의 스탠드를 포함한 가격은 대략 300달러이다.)

최첨단 Chromatte

REFLECMEDIA의 조명과 배경이 한 세트로 구성된 Chromatte를 사용하면 그린스크린 합성이 훨씬 수월하다. 이 제품은 미세한 반사용 유리로 코팅되어 있는 견고한 천과 카메라 렌즈 둘레에 설치하는 LED LiteRing으로 구성된다. Chromatte 배경 막은 일반 조명에서 회색으로 보이지만, 디머로 조절되는 LiteRing의 파란색이나 녹색의 조명을 반사하도록 특수 제작되었다. Chromatte는 스튜디오에서 사용할 수 있는 원단의 형태 또는 현장에서 사용이 편리한 팝업 스크린의 형태로 판매된다.

평소와 마찬가지로 피사체에 조명을 설치한 후에 LiteRing의 전원을 켜고 배경이 (어떤 색의 LiteRing을 구입했느냐에 따라) 완벽한 파란색이

Chromatte와 함께 사용하는 LiteRing은 특정 반사 물질에 파란색이나 녹색의 빛을 투사하도록 특수 제작되었다.

나 녹색을 낼 때까지 디머를 조절하면 된다. 특수하게 설계된 LiteRing은 배우에게 색상을 비추지 않으며, 배경을 위한 조명이 필요 없으므로 적은 조명으로도 매우 깨끗한 키를 추출할 수 있다.

　이처럼 획기적인 크로마키 장비의 첫 번째 문제는 반영구적인 LED 조명의 가격이 600달러로 적당한 반면에 배경 막이 매우 고가라는 데 있다. 가로와 세로 각 1피트(1피트=30.84cm) 면적의 가격이 32달러로, 914.4cm×609.6cm 크기의 중간 규모 파노라마식 배경을 구축하는 데 1만 9,200달러가 필요하다. 그러나 2,000달러만 투자해도 규모는 좀 작지만 색이 번져 나올 걱정이 없는, 가로세로 각각 213.36cm 크기의 배경과 LiteRing을 구매할 수 있다.

카메라 렌즈의 앞쪽에 부착하는 LiteRing은 Chromatte 시스템의 반사식 배경에 필요한 최대의 빛을 제공하기 때문에 배경에 별도의 조명을 설치할 필요가 없다.

두 번째 문제는 LiteRing이 피사체에 색을 비추지는 않지만 표면이 젖어 있거나 고반사 물질인 경우에 하이라이트가 생긴다는 것이다. 그 린스크린 사용 시에는 기본적으로 표면 반사가 심한 대상을 피해야 하 지만 익스트림 클로즈업이 불가피한 피사체가 젖은 상태에 표면 반사 가 심한 사람의 눈동자라면 곤란하다. Chromatte 촬영을 하면 배우의 눈동자에 파란색이나 녹색의 링 모양이 비치기 때문에 '레드 아이' 제 거 방법으로 로토스코핑을 하여 처리하거나 눈동자에서 해당 색상을 추적하여 사용 가능한 숏으로 만드는 수밖에 없다. 다른 유일한 방법은 카메라의 각도를 조심스럽게 수정하고 줌으로 깊이를 조절한 다음에 LiteRing 디머의 레벨을 적절하게 맞춤으로써 하이라이트 반사를 최소 화하거나 배제하는 것이다.

이와 같은 문제점이 있음에도 불구하고 조명의 설치가 필적할 만큼 단순하다는 점과 키를 추출하기가 수월하다는 점 때문에, Chromatte 는 가격이 내려가는 경우에 (혹은 경쟁사가 좀 더 낮은 가격의 대체 장비를 생산하는 경우에) 두말할 필요 없이 갖춰야 할 그린스크린 병기라고 할 수 있다.

그린스크린 만들기

자신만의 그린스크린 만들기에 도전해 보자. 벽 칠하기, 배경천 사용하기, 전용 스튜디오와 같이 영구적으로 사용할 수 있는 환경과 폼보드, 휴대용 비닐 그린스크린과 같이 휴대가 용이한 장치에 대해서도 알아보고자 한다.

집에서 만들고 선택 사양을 반영할 방법에 대해 주로 언급하겠지만 페인트, 테이프, 파노라마식 원단에 대해서도 검토해 볼 것이다. 전문적인 재료를 선택하는 데에는 나름대로 확실한 이점이 있다.

종이 두루마리로 그린스크린 만들기

미술 용품점에서 25~30달러면 91.44~243.84cm 크기의 녹색 종이 두루마리를 살 수 있다. 여기에 스탠드를 간단히 제작해서 종이를 축에 걸면 사진가가 두루마리 배경을 사용하듯이 배우의 뒤쪽에 늘어뜨릴 수 있다. 바닥까지 충분히 늘어뜨리면 종이에 서 있는 배우를 풀 숏으로 촬영하는 것도 가능하다. SD 카메라로 HD 영상을 제작해 본 적이 있다면 이미 알고 있겠지만, 두루마리의 폭이 좁은 경우에는 배우의 손이나 몸이 그린스크린의 가장자리 밖으로 벗어나지 않도록 주의해야 한다. (SD 카메라로 HD 영상을 제작하는 방법에 대해서는 7장에서 전반적으로 다룬다.)

롤스크린을 사용하는 일반적인 방법 외에도 두루마리를 잘라서 색 테이프나 ROSCO의 DigiComp 테이프로 벽에 붙이면 그린스크린을 좀 더 크게 만들 수도 있다.

벽, 캔버스, 폼보드에 그린스크린 페인트 칠하기

보통은 스튜디오의 벽이나 파노라마식 배경과 같이 영구적인 시설에만 페인트를 칠하는 것으로 알고 있지만 항상 그런 것은 아니다. 캔버스나 폼보드에도 페인트를 칠해서 가변적인 용도로 사용한다. 각목으로 된 틀에 큰 천을 고정시켜 만든 캔버스를 이동식 스튜디오 촬영에 사용하면 좀 더 입체적으로 그린스크린을 배치할 수 있다. 폼보드는 상당히 저렴하고 가볍기 때문에 이동하면서 사용하는 데 그만이다. 그러나 손상되기 쉽다는 단점이 있으므로 현장에 항상 페인트를 준비해 두었다가 손질할 수 있도록 해야 한다.

크로마키 전용 페인트를 사용할 수도 있지만 만들어서 사용할 수도 있다. 그린스크린이나 블루스크린 전용 페인트를 제작하는 곳은 한두 군데뿐이다. 1갤런에 50달러 정도인 EEFX 제품도 좋지만 전문가들은 대개 1갤런에 75~110달러인 ROSCO 제품을 선호한다. 두 제작사 모두

파노라마식 배경이란 벽과 바닥을 부드러운 커브로 연결하여 영구적인 사용이 가능하도록 만든 그린스크린 스튜디오를 말한다.

자사의 원단과 호환되는 페인트를 생산한다. ROSCO의 관계자가 자사 페인트는 한 번만 칠해도 된다고 했으므로 이론상으로는 EEFX의 페인트 1갤런으로 칠할 수 있는 면적의 2배를 칠할 수 있다. EEFX의 페인트 1갤런으로 약 23~28㎡(약 7~10평)의 면적을 칠할 수 있으므로 ROSCO의 페인트로 칠할 수 있는 면적은 그 2배라고 볼 수 있을 것이다. 하지만 ROSCO에서는 면적에 관한 자료를 제공하지 않으니 확인할 수는 없다.

크로마키 페인트를 만들어서 사용하는 것도 가능하다. 「마이크로 필름메이커MicroFilmmaker」의 기자인 톰 스턴Tom Stern이 LOWE'S 사에서 입수한 컬러 견본마다 카메라를 캘리브레이션 하는 번거로운 과정을 거치고 모든 색을 Photoshop에서 끈질기게 샘플링 한 결과, 회색이 거의 포함되지 않은 가장 순수한 녹색을 찾아냈다. 그가 만든 가장 순수한 녹색은 Olympic/CCA에서 제작한 가정용 무광 라텍스 페인트인 '보타니컬 그린'으로 1갤런에 약 10~15달러이다. 페인트를 균일하게 잘 칠하려면 보통 두 번 칠해야 한다는 점을 명심하기 바란다.

원단으로 배경 막 만들기와 설치하기

주변의 원단 취급 업체를 뒤져서 순수한 녹색에 반사가 거의 없고 상당히 무거운 원단을 구한다. 위에서 언급한 '보타니컬 그린' 샘플을 갖고 다니면서 비교해 보면 도움이 될 것이다. 원단에 문양이 있거나 벨벳처럼 질감이 있는 것은 피한다. 고운 모직이나 무명(면) 소재의 좋은 원단을 발견하면 필요한 만큼 구입한다. 배우와 배경 사이에 2~3m의 공간이 필요하므로 원단이 그만큼 더 필요하다는 것을 염두에 두어야 한다.

원단의 한쪽 끝자락을 스테이플로 고정해 감아 둘 견고한 카드보드 심 봉을 구할 수 있으면 배경 막을 감아서 걸어 두는 중심축으로 활용한다. 만약 여의치 않으면 원단의 폭에 비해 60~90cm 정도가 긴 각목이나 플라스틱 봉을 구해 천을 고정시킨다. 반드시 원단을 스테이플이나 못으로 고정하거나 원단의 끝자락에 심 봉이 통과할 수 있는 원통형 주머니를 만들어서 배경 막이 중심축에서 분리되지 않도록 한다.

이제는 심 봉의 양끝을 걸고 배경 막을 설치할 수 있는 스탠드를 구입하거나 만들 차례이다. 알루미늄 소재의 배경 막 지지대와 수평축으로 구성된 세트를 구입하는 데에는 80~300달러 정도가 드는데, 천정이나 벽에 고리를 만들어 고정시키고 심 봉의 양끝을 꽂는 간단하고 저럼한 방법도 있다. 배경 막이 감긴 축을 부드럽게 풀거나 감을 수 있도록 하려면 심 봉의 양끝에 막대를 꽂아서 심 봉을 회전시킬 수 있게 만든다. 좀 더 활용도를 높이려면 심 봉의 양끝을 넓은 각목에 고정시킬 수 있게 스탠드를 제작하고, U자 형태의 고리에 축의 양끝을 걸어 사용한다. (U자형 고리 2개의 가격은 10~20달러이다.) 스탠드를 제작할 때에는 받침대 부분에 모래 주머니를 얹어서 안정적으로 고정시킬 수 있도록 해야 한다.

배경 막의 심 봉을 걸 수 있게 준비하는 작업은 번거롭지만, 촬영 시에 늘어뜨렸다가 평소에 감아 둘 수 있는 배경 막이 완성되었다.

비닐 소재의 휴대용 그린스크린

종이는 배경 막으로 사용하기에 불안하고, 폼보드를 파손되지 않게 관리하거나, 주름이 지지 않게 원단을 유지하는 것도 어렵다면, 반복 사용이 가능하고 주름이 지지 않으며 쉽게 닦을 수도 있는 비닐 소재의 휴대용 두루마리 그린스크린을 제작한다. 그린스크린 전문가 몇 명과 의논해 본 결과, 휴대용 그린스크린을 60달러에 제작하는 매우 간단한 방법을 고안해 낼 수 있었다. 이 방법으로 시중에서 판매되는 대부분의 제품보다 크게 (또한 설치와 정리가 쉬운) 휴대용 스크린을 제작할 수 있으며, 벽과 바닥을 연결하는 모서리에도 부드러운 커브를 만들어 그림자에 각이 생기는 것도 피할 수 있다. (크로마키 전용 페인트를 사용해도 좋지만 예산 범위 내에서 경제적으로 제작할 수 있는 대안을 제시했다.)

먼저 지물포에서 약 40달러에 판매하는 저가형 비닐 장판을 구입한

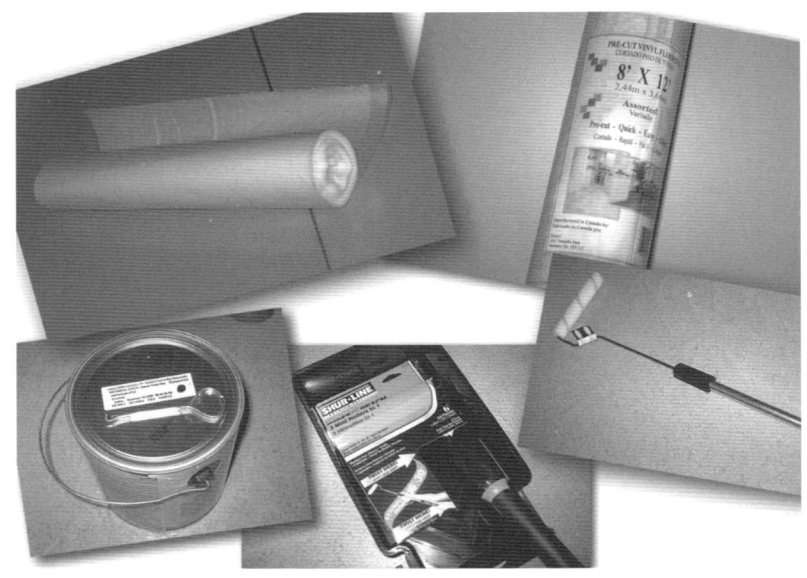

평범한 가정용 제품만으로도 놀랄 만큼 견고한 비닐 그린스크린을 제작할 수 있다.

다. 뒷면에 페인트를 칠할 것이기 때문에 장판의 패턴이 형편없더라도 상관없으니 재고로 처분하는 물건을 구입해도 좋다.

주름이 지거나 꺾이지 않도록 충분히 두꺼운 장판이 준비되었다면, 카메라에 순수한 녹색으로 인식되며 최대한 불투명하고 균일한 녹색 페인트를 구입한다. 다음의 물품 목록과 가격을 참고한다.

- 245×366cm 크기의 비닐 장판(40달러)
- '보타니컬 그린' 색상의 가정용 무광 라텍스 페인트 1갤런(11달러)
- 길이 조절이 가능한 롤러 브러시 1개(5달러)
- 페인트 혼합 접시 1개(2달러)

- 작업 시 바닥에 깔 비닐(2달러)
- 깨끗한 카드보드 튜브 또는 두껍고 긴 PVC 파이프 1개
- 포장 테이프 또는 덕트 테이프

비닐 장판을 펼쳐 놓고 페인트 작업을 할 수 있을 정도의 공간을 마련한다. 날씨가 좋은 날에는 밖에서 작업을 해도 괜찮지만 습기가 많고 궂은 날씨라면 실내에서 한다.

1. 장판 밑에 비닐을 깔아서 바닥에 페인트가 묻지 않게 한다.
2. 장판의 앞면이 바닥을 향하도록 뒤집어서 뒷면이 보이게 놓는다.
3. 페인트를 잘 섞고 적당량을 혼합 접시에 붓는다.
4. 페인트를 균일하게 한 번 칠한다. 장판에 먼지나 오물이 묻지 않도록 덧신을 신고 작업한다.
5. 4시간 정도 말린 후에는 장판을 움직여도 되지만, 6번 단계인 두 번째 페인트칠이 마를 때까지 움직이지 않는 편이 좋다. 만약 그럴 수 없다면 4시간이 경과한 후에 느슨하게 말아서 테이프로 고정하고 세워 둔 상태로 16~20시간 동안 말린다.
6. 두 번째 페인트칠은 20~24시간이 경과한 후에 최대한 균일하게 바른다.
7. 두 번째 페인트칠을 한 다음 20~24시간 동안 그대로 둔다.
8. 완전히 말린 다음 깨끗한 카드보드 심 봉이나 PVC 파이프에 그린스크린을 말아서 끝자락을 테이프로 고정한다. 처음 2주 동안은 고무줄로 고정하지 말아야 라텍스 페인트가 장판의 앞면에 들

장판을 놓은 비닐에 먼지나 주름이 생기지 않도록 깨끗한 맨발로 또는 부츠를 신고 페인트칠을 한다.

러붙는 것을 막을 수 있다. 처음에는 심 봉을 사용하지 않는다거나 고무줄로 두루마리를 고정하는 실수를 범하기 쉬우므로 주의한다.

이제는 그린스크린을 움직여도 괜찮다. 완전히 건조된 상태의 그린스크린은 놀랄 만큼 견고하다.

이렇게 제작한 그린스크린을 설치하려면 옆면에 구멍을 뚫고 쇠고리 형태의 덧테를 튼튼하게 끼워 서까래에 매달거나 높은 위치에 고정한다. 아니면 한쪽 끝자락을 카드보드 심 봉이나 PVC 파이프에 스테이플로 고정하고 심 봉이나 파이프에 축을 끼워 매단다. 이런 형태의 그린스크린은 창문에 설치하기 좋다.

여러 방법을 조합하여 파노라마식 배경 만들기

강도 높은 그린스크린 작업을 대량으로 해야 한다면 파노라마식 배경을 제작하는 것이 현명하다. 파노라마식 배경은 벽에서 바닥으로 이어지는 면을 부드러운 곡선 형태로 이음새 없이 만들기 때문에 각이 지는 부분이 없다. 배경에 급격하게 각이 진 부분이 있으면 그림자의 형태가 비정상적으로 왜곡되고 짙은 선으로 나타나기 때문에 키를 추출하기 어렵지만, 파노라마식 배경에서는 키 추출이 쉬울 뿐 아니라 깨끗하게 추출할 수 있다.

그린스크린 촬영에 필요한 스튜디오의 크기에 대해서는 논란의 여

세 면을 이음새 없이 연결한 파노라마식 배경. 피사체가 배경으로부터 5m 가량 떨어져 있다. (감독 : 티파니 당, 제작 : Artemis Entertainment, 사진 : 데이비드 토르노, 모델 : 호프 당)

지가 있지만 배우와 그린스크린 배경 막 사이에 최소한 180~250cm의 거리가 확보되어야 하며, 미디엄 숏을 촬영하기 위해서는 배우와 카메라가 최소한 180~250cm 떨어져 있어야 한다. 롱 숏을 촬영하려면, 렌즈와 배우의 신장에 따라 다르지만 (카메라가) 주 피사체로부터 370~670cm 정도 떨어져 있어야 한다. 즉, 기본적으로 $1.858m^2$ 정도의 공간이 있어야 하며, 지금까지의 계산을 참고한다면 $2.8m^2$ 이상의 공간이 필요하다.

조금만 생각해 보더라도 원룸 아파트를 그린스크린 스튜디오로 꾸미는 것은 어렵다고 할 수 있다. 자신의 방을 녹색으로 칠하고 어느 정도 수준의 결과물을 만들어 낸 경우도 있기는 하지만 매우 힘든 작업이 될 것이다. 그러므로 2개의 컨테이너를 연결한 만큼의 공간이나 넓은 거실이 없다면 스튜디오나 사무실을 임대하여 그린스크린 촬영이 가능한 곳으로 만드는 것이 좋다.

근처의 대학 캠퍼스에 임대할 만한 공간이 있는지 알아보는 것도 좋은 방법이 될 수 있다. 크로마키 촬영에 대한 수요가 증가하고 있기 때문에 학생들이 스튜디오를 사용할 수 있도록 한다는 조건으로 그린스크린 스튜디오를 설치할 수 있는 공간을 내줄 대학이 있을지도 모른다. 스튜디오를 설치할 때 학생들 중에서 인턴을 선발한다면 인력을 확보할 수 있을 뿐 아니라 미래의 직원을 찾게 될 수도 있다.

파노라마식 배경을 만드는 데 원단을 사용할 수도 있지만, 영구적으로 사용할 스튜디오를 저예산으로 제작하면서 파노라마식 배경을 원단으로 제작하는 것은 바람직하다고 볼 수 없다. 대부분의 원단은 쉽게 주름지고 금세 오염될 뿐 아니라 원단과 원단을 매끄럽게 연결하기도 어렵기 때문이다. (EEFX의 폼을 덧댄 천이라면 대부분의 문제를 피해 갈 수 있고 상당히 경제적이기 때문에 충분한 자금만 확보된다면 훨씬 수월하겠지만 다음에 설명하는 방법이 좀 더 저렴하다.)

저예산으로 파노라마식 배경을 제작하는 좀 더 나은 방법은 앞서 설명한 바와 같이 비닐 장판 5장을 연결하는 것이다. 이 방법의 장점은 매우 저렴하고 주름이 생기지 않을 뿐 아니라 오염을 제거하기도 쉽다는 것이다. 20만 원을 투자하여 2.4×3.7m 크기의 비닐 장판 5장을 구입하면 폭 9.6m, 높이 2.4m에 곡선으로 이어져 마루 위까지 1m가량 뻗어 나온 배경을 만들 수 있다. 중앙 마루에 폭 3.7m, 깊이 2.4m의 장판을 이어 붙이면 벽으로부터 3.4m 떨어진 곳까지 크로마키 공간을 만들어 롱 숏을 효과적으로 촬영할 수 있다. (다음 그림은 폭 7.2m의 파노라마식 배경을 만드는 방법이다. 9.6m의 파노라마식 배경을 제작하는 데는 장판 4장이 필요하다.)

그린스크린을 설치할 벽면의 2.4m 높이에 튼튼한 각목을 고정시킨다. 그리고 각목의 두께보다 2.5~3.8cm 더 긴 못을 사용해서, 페인트를 바른 면이 보이도록 한 장판과 각목을 벽면에 고정시킨다. 장판은 찢어질 우려가 있기 때문에 못을 2.5~3.8cm 깊이로 박아야 안정적으로 고정시킬 수 있다. 이제 비닐을 바닥에 늘어뜨리면 바닥까지 이어지는 자연스러운 곡면이 만들어진다. 장판의 커브를 일정하게 유지하면서 본드나 못, 나사못으로 바닥에 고정시킨다. 같은 방법으로 모든 장판의 커브가 서로 연결되게 설치한다. 끝으로 마지막 장판을 벽면에 설치한 장판 앞에 펼쳐서 바닥에 고정시킨다. 이 마지막 장판이 펼쳐진 곳이 그린스크린의 무대가 된다.

파노라마식 배경의 기본적인 형태

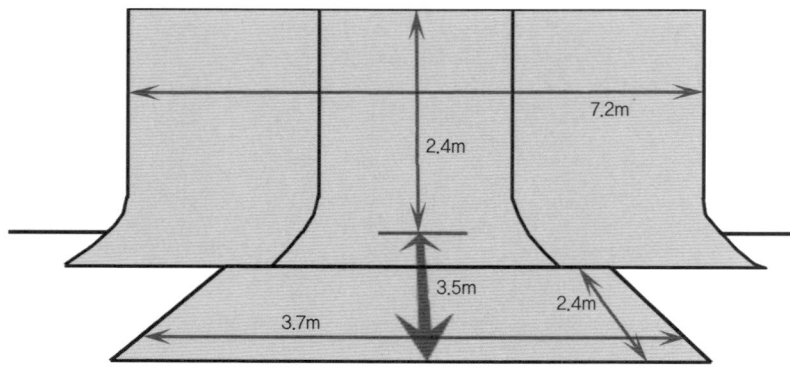

7.2m의 기본적인 배경을 9.6m로 확장하려면 장판을 왼쪽이나 오른쪽에 1장 더 연결하고 바닥의 장판을 중앙에 놓으면 된다.

벽면에 페인트를 칠해서 파노라마식 배경을 만드는 경우에는, 벽면과 바닥이 이어지는 부분에 나무나 플라스틱 또는 석고를 사용하여 곡면을 만들어 주어야 한다. 그리고 나서 자신이 만든 그린스크린 페인트를 칠하거나 또는 ROSCO나 EEFX의 전용 페인트를 칠해야 한다.

배경의 주변 상태 확보하기

프로덕션 과정을 설명하기 전에 그린스크린 작업에서 반드시 짚고 넘어가야 하는 가장 기본적인 부분이 바로 배경이 되는 환경을 포착하는 것이다. 많은 감독들이 프로덕션을 끝낸 후에 배경을 촬영하면 된다고 생각하지만 이는 좋은 계획이 아니다. 프로덕션 이전에 배경을 촬영해야 조명과 카메라 앵글을 정확하게 일치시킬 수 있다. ADOBE의 Ultra CS3와 같은 실시간 키어를 사용하면 촬영하려는 숏의 키를 현장에서 시험적으로 추출하여 배경의 이미지와 일치하는지 확인해 볼 수 있다.

다음은 배경의 상태를 꾸미거나 포착하기 위한 다양한 방법이다. 이미 시도해 본 것도 있겠지만 기대치 않게 창의성을 유발하는 내용도 있을 것이다. 또한 배경을 확보할 때 기억해야 할 내용에 대해서도 언급해 두었다.

사진 찍기와 비디오 촬영하기

스냅 사진이나 비디오 촬영으로 필요한 배경을 모두 포착할 수 있다고 보기 때문에 배경을 확보할 때 가장 일반적으로 행해지는 방법이다. 다음 사항을 기억하기 바란다.

앵글

전방에 아무도 없는 상태에서 사진을 찍거나 비디오를 촬영하면 앵글이 눈높이에서 지면을 향하게 된다. 그러나 현장에서 실제 배경 앞에 있는 배우를 촬영할 때의 카메라는 거의 항상 낮은 위치(대개는 가슴과 복부의 중간 높이)에서 정면을 향하거나 살짝 위쪽으로 배우의 얼굴을 찍게 된다. 배경을 촬영할 때 이 점을 기억하고 낮은 각도에서 찍는다면 훨씬 더 실감나는 숏을 만들 수 있을 것이다.

이미지의 해상도

항상 이미지를 최대한 크게 촬영한다. 이미지의 해상도가 높을수록 후반 작업에서 활용도가 높다.

프레임

디지털 SLR이나 HVX200A로 배경을 촬영하여 전경에 나뭇잎과 같은 것을 이용한 프레임을 넣고 싶겠지만 자제하는 편이 좋다. 전경의 요소는 배경에서 제거하기가 무척 어렵기 때문이다. 항상 전방에 아무 것도 없는 깨끗한 배경을 촬영해야 한다. 전방에 넣고 싶은 요소가 있다면 후반 작업에서 얼마든지 추가할 수 있다. 이 문제에 대해서는 잠시 후에 다루기로 한다.

얼굴

촬영 허가를 받지 않았다면 어느 누구의 얼굴도 영상에 사용할 수 없다. 후반 작업에서 블러 처리가 가능하지만 다큐멘터리가 아닌 이상은 꾸민 티가 날 수밖에 없다. 따라서 초상권 포기 계약서에 서명하지 않은 인물이 배경에 들어가지 않도록 주의한다.

상표

거리에서 촬영된 빌딩의 상표는 배경에 사용할 수 있지만 실내에서 포착된 상표는 대부분의 경우에 절대로 사용할 수 없다. 배경에 있는 상표가 포착되지 않도록 주의하지 않으면 현장감이 떨어지는 유사 이미지로 대체해야 할지도 모른다.

상식적인 선택

오하이오 주에서 하와이 섬을 배경으로 직접 촬영하는 것은 불가능하다. 그런 경우에는 스톡 이미지로 대신한다. 하와이행 비행기 왕복권

보다 저렴하며, 직접 촬영하는 것보다 좋은 해상도를 마음대로 선택할 수 있다.

디지털 매트 페인팅

매트 페인팅은 강력한 3D 그래픽스 프로그램들 덕분에 예전처럼 많이 사용되지 않지만 실상은 디지털 방식으로 살아남아 활용되고 있다. 여러 가지 요소를 사진, 일러스트레이션, 페인팅 등의 소프트웨어를 사용하여 합성할 수 있다면 좋겠지만, 그런 기술을 갖추지 못했다면 www.renderosity.com과 같은 온라인 사이트를 통해 같이 일할 의사가 있는 재능 있는 예술가를 물색하는 것도 좋은 방법이 될 수 있다.

3D 렌더링

3D 렌더링에 대해서는 19장에서 자세하게 설명하겠지만, 이는 현실에서 포착할 수 없는 장면을 만드는 가장 이상적인 방법이다. 3D 프로그램을 사용하여 51쪽 사진과 같이 현실적인 이미지를 만드는 데에는 어느 정도의 훈련이 필요하지만 교재나 동영상으로 공부할 수 있다. Cinema 4D를 제작한 MAXON에서는 매우 강력한 훈련 과정을 무료와 유료로 제공하고 있다. Cinema 4D 수업에 관심이 있다면 MAXON의 www.cineversity.com을 찾아보기 바란다. 무료 수업을 원한다면 www.daz3d.com이나 www.renderosity.com을 참고한다.

여러 레이어의 합성

이 방법은 눈속임 효과가 크기 때문에 배경을 만드는 가장 좋은 방

3D 모델링으로 사실적인 배경을 만들 수 있다. (모델링 : 랄프 칼드웰, 소프트웨어 : Cinema 4D)

법 중의 하나라고 할 수 있다. 여러 레이어를 합성하는 방법으로 배경과 전경에 여러 종류의 요소를 배치하여 에워싸는 듯한 배경을 실감나게 만들어 낼 수 있다.

깨끗한 사진이나 동영상을 배경에 놓고 시작한다. 화면의 크기보다 큰 배경을 사용해야 패닝이나 틸팅을 하여 배경의 공간감을 살릴 수 있다. 그리고 나서 알파 채널에서 간판을 바꾸거나, 스카이라인을 변경하거나, 물리학 방정식으로 입자를 생성해서 불의 이미지를 만들거나, 자동차를 만들어 넣거나, 블루스크린에서 촬영한 식물을 끼워 넣을 수도 있다. 마지막으로 After Effects나 그와 유사한 3D 합성 프로그램을 사용하여 위의 모든 요소들을 합성하고 가상 카메라를 움직이면 최대한 현실적으로 보이는 장면을 만들 수 있다.

공공 도메인

고전 영화나 사진 또는 그 밖의 자료 중에는 저작권의 기한이 만료되었거나 저자가 일반에게 공개함으로써 공공 도메인의 일부가 된 것이 있다. 자료를 찾는 수고가 필요하지만 1920～1930년대를 배경으로 배우를 등장시켜 빈티지식의 표현을 완성할 수도 있다.

인터넷과 협상

뛰어난 사진가, 촬영 감독, 매트 페인터, 3D 렌더링 작가의 작품을 인터넷에서 쉽게 접할 수 있기 때문에 타인의 지적 재산권을 침해하기도 쉽다. 비윤리적인 행동을 저지르기 전에 다음 사항을 명심하기 바란다. 인터넷으로 인해 세상이 좁아지고 자료를 구하기가 쉬워진 만큼 타인의 작품을 불법적으로 사용했다는 것 또한 찾아내기 쉽다. 상대가 법적인 조치를 취하면 반박할 근거가 없을뿐더러 앞으로는 세상 어디에서도 당신의 작품을 발표할 수 없게 된다.

불행을 자초하는 것보다는 직접 사용 허가를 구하고 필름에 크레디트 타이틀을 넣거나, 비용을 지불하거나, 나중에 작업을 돕기로 약속하는 편이 낫다. 생각보다 많은 사람들이 창의적인 작업에 기여하거나 크레디트를 넣고 싶어 한다는 사실에 오히려 놀라게 될 것이다. 고소당할 위험을 면할 뿐 아니라 작업을 하면서 친구가 될 수도 있고, 예술가, 사진가, 렌더링 작가 중에는 작업에 관심을 갖고 배경을 만들어 주거나 촬영을 해 주는 경우도 종종 있다. 단, 잊지 말고 합법적인 서류를 작성해서 모든 내용을 글로 남겨 두어야 한다. 법적인 허가를 받지 않은 영상을 거절하는 영화제도 많지만, 대개의 배급사는 당신의 작품을 두 번 다시 보려고 하지 않을 것이다.

배경 화면 스톡

스톡 이미지를 배경으로 사용하면 의외로 경제적이다. 매우 아름답고 효과적인 배경을 5~50달러에 판매하는 웹사이트도 많다. 좀 더 복잡한 사양이 필요하다면 50~200달러에 비디오 배경을 구입할 수도 있고, 사이트에 따라서는 다중 레이어의 사진이나 비디오를 전경의 오브제까지 더하여 60~300달러에 구입할 수 있다. Artbeats나 Shutterstock과 같이 규모가 있는 회사라면 다양한 이미지를 제공하지만 인터넷을 검색하여 다른 자료를 찾아볼 필요도 있다.

다중 레이어의 비디오 이미지를 제작하는 작은 회사가 증가하는 추세이다. 「마이크로필름메이커」의 작가이자 필름 제작자인 톰 스턴이 고대 예루살렘 도시를 매우 고화질의 다중 레이어로 재현한 것을 FILMdyne Productions를 통해 볼 수 있다(참고 : FILMdyne.com).

키 추출의 단순화를 위한 매트 조명

Chromatte 시스템을 갖추었다면 이 장을 읽지 않아도 좋다. 하지만 그런 장비를 선택할 여지가 없다면 읽어 보기 바란다.

원하는 결과물을 생각해 보면 매트 조명의 원칙을 가장 잘 이해할 수 있다. 색상을 최대한 균일하게 만들기 위해서는 배경 매트의 모든 부분에 균일하게 빛을 비추는 것이 이상적이다. 색차가 적을수록 좋은 키를 추출할 수 있으며 키를 다양하게 조합해야 할 필요도 줄어든다. 키를 추출하기 어려운 상황에서는 같은 대상의 여러 레이어에 다양한 유형의 키를 적용해서 가능한 한 깨끗한 상태로 조합되는 키를 추출하려 할 것이다. 물론 그렇게 할수록 주요 대상에서 디테일과 색채가 손상된다.

매트에 가장 좋은 조명은 파란색보다 흰색에 훨씬 가까운 균일하고 부드러운 광선을 얻을 수 있는 흐린 날씨이다. 반대로 색 온도가 5,200 ~6,500K인 대낮의 직사광선은 매우 푸른빛을 많이 띤다.

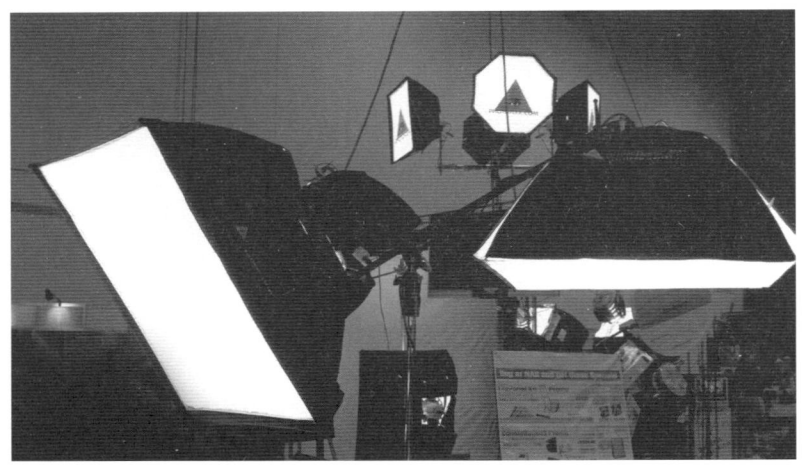

그린스크린에 균일한 빛을 투사하는 소프트박스의 부드러운 확산광을 사람에게 직접 비추면 돋보이는 효과가 있다.

현재까지는 흐린 날씨를 주문할 방법도 없지만 실외에서 촬영하는 것도 바람직하지 않기 때문에 효과적으로 매트를 조명할 수 있는 방법을 찾아야 한다. 가장 일반적인 해결책은 소프트박스이다.

조명을 둘러싼 텐트 형태의 소프트박스는 내부의 뒷면에 은색 안감이 발라져 있고 앞면의 반투명 천을 통해 빛을 분산시키는 장치로서 훨씬 넓은 면적에 빛을 투사한다. 소프트박스의 표면적이 넓고 피사체와의 거리가 가까울수록 부드러운 빛을 투사한다. 부드러운 빛은 방향성이 없기 때문에 그림자가 거의 생기지 않지만 한 방향으로 투사되는 빛은 매우 분명한 그림자를 드리운다. 소프트박스와 피사체의 거리가 멀어지면 강한 방향성의 빛만이 피사체에 닿기 때문에 광질이 경직된다.

빛의 부드러움이나 강함을 광도나 조도와 혼동하지 않기 바란다. 피사체에서 멀리 떨어질수록 소프트박스의 빛이 경직된다고 해도 앞면을 막고 있는 천에 의해 광도가 현저히 낮아진 상태이기 때문에 매우 약한 빛을 비추게 될 것이다. 전문적인 조명 장비는 부드러운 플러드라이트와 강한 스포트라이트 사이에서 광원을 다이얼로 조절하여 빛을 부드럽게 또는 강하게 만들 수 있지만 실제 광도는 300W, 650W, 1K와 같이 전구의 와트 수에 따라 결정된다.

소프트박스에 조명 장비를 설치할 수도 있지만 기존 조명 장비에 소프트박스를 씌울 수도 있다. 저가형 모델 중 하나인 SMITH VICTOR의 백열광/형광 소프트박스 KSB500의 가격은 200달러 정도이다. 장비에 포함된 500W 3,200K 플러드 백열 전구의 가격은 3~5달러로 200시간 정도 사용할 수 있지만 46달러에 구입할 수 있는 데이라이트 형광 전구 55W 5,200K SMITH VICTOR FL55의 수명은 6,000~8,000시간이다.

LOWEL이나 ARRI의 Fresnel과 같이 독립형 삼각대에 설치할 수 있는 조명 장비에 비해서 저가형 장비는 확실히 조작이 어렵고 광도가 낮다. 「마이크로필름메이커」에서 사용하는 ARRI 300/650 Fresnel Combo Kit는 다루기 쉬운 4개의 조명으로 구성되어 있으며, 매트를 제대로 조명하기가 수월해서 좋다. 이 장비를 갖춘다면 B&H Photo Video에서 210달러 정도에 판매하는 PHOTOFLEX의 CineDome과 같은 60~90cm 크기의 중형 소프트박스도 구입하게 될 가능성이 크다. 전문 조명에 소프트박스를 설치하면 사전에 색상 젤을 덧붙일 수 있다는 이점이 있다.

그렇게 해서도 빛을 충분히 부드럽게 만들 수 없다면 크기가 훨씬 큰 전문 디퓨전 프레임을 구입하는 방법도 있고, 30달러를 들여서 찢어

짐 방지 가공이 되어 있는 흰색 나일론 천을 사각 PVC 틀에 씌워서 스크린으로 사용할 수도 있다.

ARRI나 SMITH VICTOR는 고사하고 조명에 예산을 거의 투자할 수 없다면 다음과 같은 방법도 있다. 대형 마트에서 10~15달러에 판매하는 클램프 조명(금속 재질에 법랑 코팅을 한 갓 조명)에 온라인 가격이 3~5달러에 불과한 500W 3,200K GE 포토플러드 전구를 넣은 조명으로도 창의력을 발휘해서 좋은 결과를 만들어 낼 수 있다.

이와 같은 장비의 문제는 빛을 조절하기가 어렵다는 것이므로 가능한 한 빛이 넓게 퍼지도록 하려면 확산 장치를 설치할 때 창의성이 필요하다. 그리고 알루미늄 포일과 내열 테이프로 차광기를 만들어 빛을 모아 주면 된다.

전문적인 조명 장비를 사용하든 임시로 만든 장비를 사용하든 그린스크린 배경의 조명 상태를 매우 주의 깊게 프리뷰 해서 가능한 한 조명

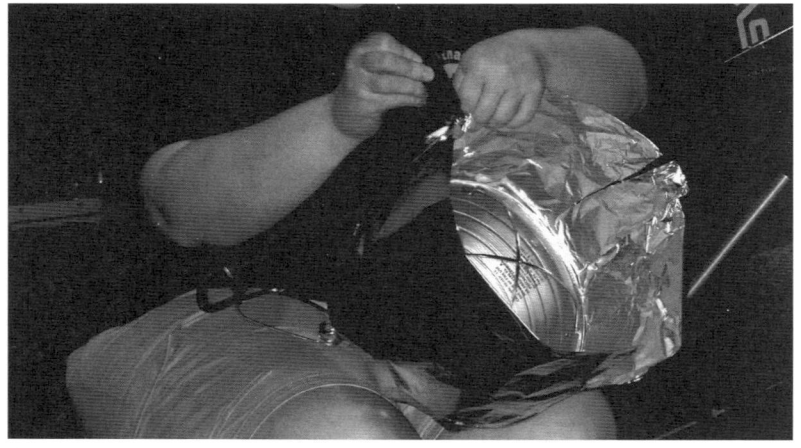

알루미늄 포일을 조심스럽게 잘라서 클램프 조명에 붙이면 최저가의 차광기를 만들 수 있다.

전문 장비와 마찬가지로 알루미늄 포일 차광기에도 젤을 붙일 수 있지만 견고하지 않기 때문에 주의가 필요하다.

이 전체적으로 균일하고 50IRE에 가깝게 만들어야 한다.

전문가용 노출계를 사용하면 (빛의) 균일한 정도를 매우 정확하게 측정할 수 있다. 노출계가 없다면 다른 방법을 사용하면 된다. 카메라의 'zebra' 기능(설정 명도와 일치하는 부분을 사선으로 표시한다)에서 50~60IRE까지 설정이 가능하다면 빛이 균일한지 확인할 수 있다. (PANASONIC 카메라는 그만큼 낮게 설정할 수 없지만 다른 기종은 가능할 것이다.)

만약 카메라에서 낮은 수치를 설정할 수 없다면 PC에서 ADOBE의 OnLocation과 같은 비디오 모니터링 프로그램을 사용하거나 맥에서

PC용과 맥용으로 출시되는 ADOBE의 OnLocation은 비디오 자막과 명도, 채도 확인 기능을 제공하는 가장 인기 있는 소프트웨어이다.

DIVERGENT MEDIA의 ScopeBox를 사용하여 확인할 수 있다. 50 IRE 에 설정해서 확인하거나 전체적으로 일정한 결과가 나오는지 확인하면 된다. 광량 초과 여부를 확인하려면 'zebra'를 60 IRE로 설정하고 패턴을 확인한다. 60에서도 사선이 나타난다면 확산 장치를 이용해서 빛의 강도를 낮추거나 전구의 광도를 조절함으로써 50 IRE에 가까운 균일하고 일관성 있는 빛을 배경에 비춘다.

효율적인 조명 배치

최적의 조명 거리를 계산하려면 역제곱 법칙을 알아야 한다. 조명의 역제곱 법칙에서 피사체를 비추는 조도는 광원으로부터 거리의 제곱에 반비례한다. 즉, 광원으로부터 멀어진 빛은 일정한 비율로 약해지는 것이 아니라 이동한 거리의 제곱 비율로 약해진다.

실제 거리로 설명하면 이해가 쉬울 것이다. 피사체로부터 4m 거리에 있는 조명을 8m 떨어진 곳으로 이동시키면 거리가 2배 멀어졌으니 빛의 양이 반으로 줄어서 조도가 50% 감소할 것이라고 생각하기 쉽다. 하지만 실제로는 2배로 멀어진 거리의 제곱에 반비례하므로 조도는 25%로 감소한다. 거리가 4배 멀어진다면 조도는 1/16로 감소한다. 반대로, 4m 거리의 조명을 2m 거리로 옮기면 거리가 1/2로 가까워지므로 조도는 4배 증가한다.

이상의 내용은 그린스크린 조명에서 다음과 같이 이용할 수 있다. 피사체로부터 조명을 가까이 또는 멀리 이동시키면 좁은 공간에서도

조명의 역제곱 법칙

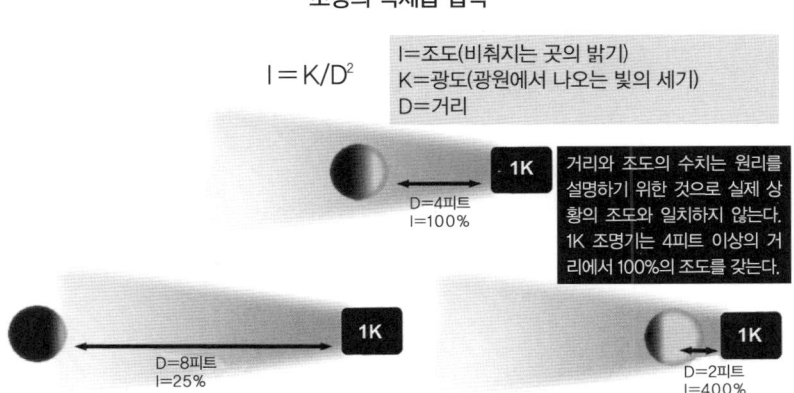

$$I = K/D^2$$

I=조도(비춰지는 곳의 밝기)
K=광도(광원에서 나오는 빛의 세기)
D=거리

거리와 조도의 수치는 원리를 설명하기 위한 것으로 실제 상황의 조도와 일치하지 않는다. 1K 조명기는 4피트 이상의 거리에서 100%의 조도를 갖는다.

1K
D=4피트
I=100%

1K
D=8피트
I=25%

1K
D=2피트
I=400%

역제곱 법칙에서 조명과 피사체의 거리가 2배로 늘면 조도는 1/4로 감소하며, 거리가 반으로 줄면 조도는 4배 증가한다.

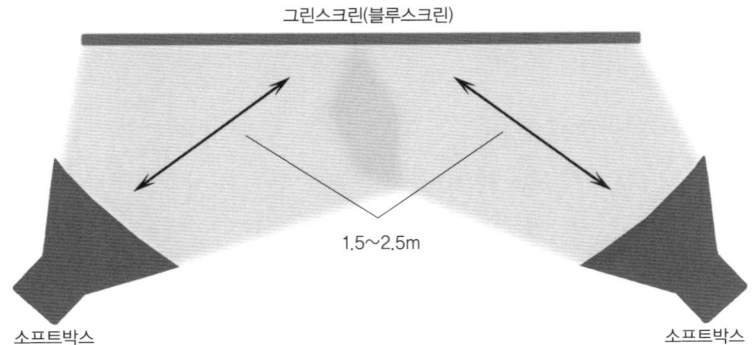

그린스크린(블루스크린)

1.5~2.5m

소프트박스   소프트박스

소프트박스의 각도를 정확히 설치하여 빛이 감소하는 부분을 상호 보완하면 배경을 균일하게 조명할 수 있다.

조도를 크게 변경할 수 있다. 조명을 옮길 공간이 없다면 당연히 광도를 조절하거나 조명의 개수를 변경하여 조도를 맞춰야 할 것이다.

조명에 따라 다르지만 배경에서 조명까지의 거리는 1.5~2.5m가 적당하다. 조명을 설치할 때에는 반드시 카메라나 OnLocation 또는 ScopeBox의 파형 모니터에서 'zebra' 패턴을 확인하고 조도를 50 IRE에 가깝게 맞춰 조명을 균일하게 만들어야 한다.

조명의 종류

조명의 종류는 다양하다. 다음은 그린스크린과 블루스크린에서 가장 많이 사용되는 조명 장치 중 일부에 대한 설명이다.

백열광 조명

색 온도가 3,200K인 백열광 조명은 따뜻한 톤으로 다른 종류에 비해

ARRI 300/650 Fresnel 세트는 전문가용
기본형 장비로 3,200K의 백열전구를 사용
한다.

많은 열을 발생시킨다. 작은 규모의 그린스크린에서 소프트박스나 확
산 장치를 사용하는 데 적당하지만, 열을 발생시키고 수명이 짧기 때문
에 긴 시간 촬영하는 데에는 부적당하다. 가격이 15달러에 불과한, 최
대한 임시로 사용할 수 있는 장치부터 수천 달러에 달하는 전문적인 조
명 장치까지 다양하다.

형광 조명

열을 많이 발생시키지는 않지만 색 온도를 맞추지 않은 형광 조명
은 녹색을 띤다. 수직 형태의 안정기에 넣어서 그린스크린이나 파노라
마식 배경의 양끝에 설치한 형광 조명의 빛은 상당히 균일하며 빛의
저감을 서로 상쇄한다. 하지만 가정용품점에서 판매하는 형광등 안정

기는 깜빡거림이 있기 때문에 배경의 조명에 의도하지 않은 변화를 일으킨다.

특수 제작된 깜빡거림이 없는 안정기를 구입해야 한다. STUDIO LIGHTING SYSTEMS와 같은 회사에서 제작하는 기본형 안정기에는 2개의 전구를 장착할 수 있으며 350달러에 판매된다. 전구 4개를 장착할 수 있는 모델은 800~900달러이다. KINO-FLO에서 제작하는 업계 표준의 견고한 시스템은 2개의 전구를 장착할 수 있는 800달러의 모델부터 시작한다.

사이크 조명

곡면 반사판 앞쪽에 석영 전구가 들어 있는 상자들을 수평 커브 형태로 연결한 장치로서 그린스크린의 상단이나 하단에 설치한다. 전구의 빛이 감소되는 부분을 상호 보완하기 때문에 빛을 균일하게 비출 수 있다. 큰 규모의 그린스크린이나 파노라마식 배경에도 적당하지만 조도가 높아지는 부분이 생기기 때문에 그린스크린의 IRE가 상승할 수 있으므로 사용 시에 주의해야 한다. ALTMAN과 같은 전문적인 제조 업체에서 생산하는 사이크 조명의 가격은 개당 200~300달러에서 시작하며 추가할수록 가격이 훨씬 더 올라갈 것이다. 4개의 전구를 수평으로 연결하여 바닥에 설치하는 데 소요되는 비용은 600달러이며, 오버헤드 설치를 하면 1,000달러가 든다.

LED 조명

매우 밝고 차가운 색을 띠는 LED 조명을 사용하면 다양한 색 온도를

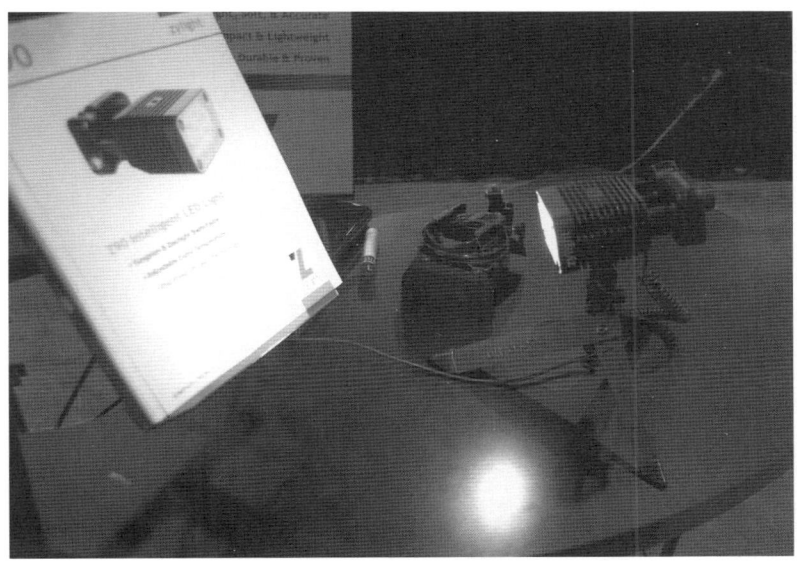

LED 조명은 수명이 매우 길기 때문에 인기가 상승하고 있으며 ZYLIGHT 외에도 많은 곳에서 제작한다.

표현할 수 있다. LED 조명 제작사 ZYLIGHT는 기본 틴트를 원하는 색상으로 바꿀 수 있는 모델을 제작하여 젤이 필요 없게 만들었을 뿐 아니라 그린스크린 작업에 큰 기여를 하고 있다. 수명이 10만 시간 이상으로 매우 긴 이 조명 장치의 가격은 전원, 광 균일도, 기타 사양에 따라 150~1,500달러이다.

발색을 위한 추가 조명

배경 색상의 강도를 높이기 위해서는 확산광 이외에도 색상을 내는 빛이 필요하다. 왜냐하면 흰색 빛보다 녹색 빛이 그린스크린을 발색하는 데 도움이 되기 때문이다. 마찬가지로 블루스크린에는 푸른빛이 도는 조명을 사용한다.

여기서는 블루스크린을 사용하는 이점이 매우 크다. 켈빈 온도(K)로 표시되는 빛의 온도는 흑체를 가열한 온도와 그때 나오는 색의 관계를 기준으로 정하는데 온도가 높을수록 파장이 짧은 푸른 계통의 빛이 나온다. 켈빈 온도는 적색 계통의 색상에서 시작하여 가열할수록 점차 푸른빛을 띤다. 실내 조명의 기준은 대개 3,200K로 오렌지색에 매우 가깝다. 푸른색의 범위 내에 있는 데이라이트는 5,600K를 기준으로 하지만 좀 더 푸른빛을 내려면 6,500K의 형광 전구를 사용할 수 있다. 전구의 온라인 가격은 20달러이므로 앞서 언급한 FL55의 절반도 안 되는 가격에 강도를 배가할 수 있는 것이다.

푸른빛을 강하게 내며 깜빡거림이 없는 전구를 사용하여 블루스크린을 매우 선명하게 만들 수 있지만 빛을 제대로 확산시켜야 한다는 점

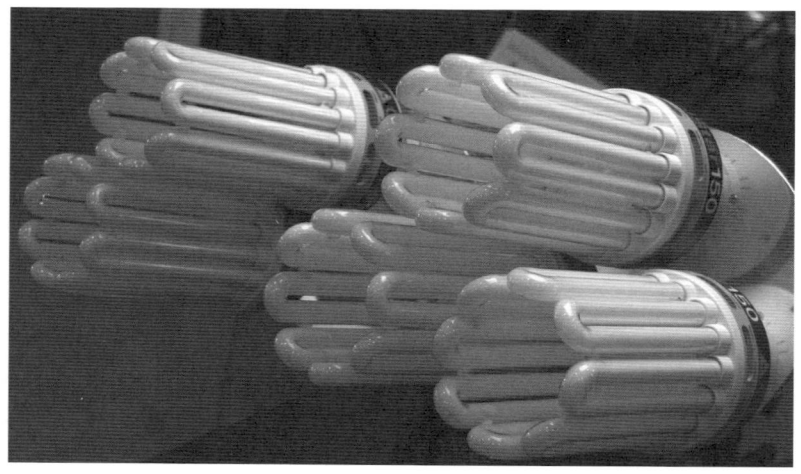

회전식 형광 전구는 어느 정도 전문적인 장치에 설치하여 사용할 수 있으며, 켈빈 온도가 높은 전구를 사용하여 블루스크린 발색에 도움을 줄 수 있다.

을 잊으면 안 된다. 전구에 깜빡거림이 있다면 배경의 선명도를 일정하게 유지할 수 없다. (켈빈 온도를 높이는 방법은 다음에 설명하는 그린스크린에 대한 내용에도 동일하게 적용된다.)

그린스크린을 조명해서 발색을 하는 것은 좀 어렵지만 불가능한 일은 아니다. 간단하게 시도할 수 있는 다음의 세 가지 방법 중에서 처음 두 가지 방법은 비용이 약간 드는 반면에 세 번째 방법은 저렴하지만 주의가 필요하다.

아마도 가장 오래된 첫 번째 방법은 조명에 젤을 덧대는 것이다. 이 방법은 차광기가 달려 있는 ARRI나 LOWEL 등의 조명 장치에 적합하며 ROSCO, LEE, APOLLO에서 50×60cm 시트를 6~7달러에 구입할 수 있

모든 종류의 조명 작업에 필요한 다양한 유형의 젤을 생산하는 ROSCO에서는 크로마키의 색상을 증폭시키거나 키 조명에 필요한 틴트를 정확하게 맞출 수 있는 젤도 판매한다.

다. 30~80달러의 샘플 세트를 구입해서 테스트를 해 볼 수도 있다. 아주 좋은 젤을 사용하면 빛을 확산시키지 않고도 색광을 비출 수 있어야하지만 전문적인 조명에 Chimera나 PHOTOFLEX의 Cinedome과 같은 소프트박스를 추가한다면 좀 더 좋은 결과를 얻을 수 있다. 60×80cm 크기의 PHOTOFLEX Cinedome 소프트박스의 가격은 200달러가 조금 넘는다.

일반적인 백열전구 대신에 형광전구를 사용해야 한다면 원통형 전구에 끼우는 튜브형 젤도 있다. 튜브형 젤의 가격은 대개 개당 12~20달러이다. 색 조정을 하지 않은 형광전구는 다소 녹색을 띠기 때문에 (그린스크린) 발색 작업에 도움이 된다는 점도 기억해 두면 좋을 것이다.

일체형 소프트박스를 구입하려 한다면 젤을 소프트박스 모퉁이에 고정시킬 수 있어야 한다. 60×760cm 크기의 두루마리 젤 가격은 100달러이며 120×760cm의 가격은 160달러이다.

젤을 사용할 때에는 색상이 짙을수록 조명의 빛이 감소한다는 것을 기억해야 한다. 1/2 그린을 사용하면 1/2f 스톱의 빛이 감소하며, 3이나 4 그린을 사용하면 3f 또는 4f 스톱만큼 감소한다.

광량을 감소시키는 젤 대신에 최근에는 밝고 선명한 색광을 투사하는 LED 조명을 사용하는 추세이다. 색상 변경에 제한을 두는 제품이 많지만 작고 강력한 ZYLIGHT의 조명은 모든 색상을 출력할 수 있다. 다소 확산광을 투사하는 Z50과 지향성인 Z90 모두 상자 모양의 장치에 여러 개의 LED 조명이 들어 있다. Z50에는 가로세로 2.5cm의 면적에 230개의 LED가 집적되어 있지만 전력 소비는 30W에 불과하며, 핫스팟이 없는 160도의 확산광을 투사한다. 빛의 각도가 130도인 Z90은 교정이

스튜디오에서는 ZYLIGHT 조명을 배열하고 연동하여 사용한다. 아직까지는 많은 비용이 들지만 저가형 모델이 출시된다면 저예산 영화에 꼭 필요한 장비이다.

필요할 때까지 5만 시간을 사용할 수 있다. ZYLIGHT의 제품은 여러 개를 원격으로 연동하여 더 큰 조명 장치로 만들 수도 있다.

원하는 대로 광선의 주파수를 조절하는 ZYLIGHT 등의 장비를 사용하면 젤로 인해 광도가 감소하는 것과 같은 전력 소모가 발생하지 않는다. 믿기 어려울 만큼 성능이 좋은 LED는 소규모의 휴대용 그린스크린 촬영에 적합하지만, ZYLIGHT 조명을 네트워크로 배열하여 그린스크린 스튜디오에서 사용하려 한다면 비용이 아주 높아진다. Z50의 가격은 700~750달러이고 Z90은 900~950달러이므로 조명을 배열하여 사용하는 데에는 상당한 예산이 필요하다.

마지막으로, 가장 경제적이지만 화재의 우려가 있는 이 방법은 찢어짐 방지 가공을 한 녹색의 나일론 천을 조명 확산 용도로 사용하는 것이다. (90×60cm의 나일론 천 50g의 가격은 7~8달러이다.) 녹색 천은 빛을 확산시키기도 하지만 동시에 젤의 역할을 하므로 젤을 구입할 필요가 없다. PVC 파이프로 견고한 틀을 만들고 천을 씌워 만든 스크린을 삼각대에 고정한 다음, 조명을 그 뒤에 놓고 전원을 켜면 된다. 조명을 스크린 가까이에 두지 않도록 주의한다.

어떤 방법을 사용하든 카메라나 노트북에서 벡터스코프의 'zebra'를 확인해서 배경이 너무 밝아지지 않도록 주의한다. 배경의 명도가 50~55 IRE 범위 내에 있어야 된다는 점을 반드시 명심하기 바란다.

07

최적의 합성을 위한
배우의 조명과 위치

배경과 전경의 합
성을 위한 조명 설계

키 작업에서 가장 큰
도전은 배경(후반 작업에
서 배우의 뒤에 넣기 위해
제작한 배경)과 전경(그
린스크린을 배경으로 촬영

한 배우의 영상)의 조명을 일치시키는 것이다. 작업을 단순화하기 위한
이론은 배경 영상이나 이미지를 설정할 때 조명의 필요를 최소화하는
것에서부터 빛의 조도, 방향, 색상 측정 시에 빛의 진행을 방해하는 (풍
선과 같은) 반투명 소재를 사용하여 테스트 플레이트를 녹화하는 것까
지 다양하다. 물론 전경 영상의 처음 몇 초 동안과 배경 화면의 스와치
명도를 세 단계(검은색, 중간 회색, 흰색)로 만들어 두는 것은 항상 후반의

컬러 매치 작업을 훨씬 수월하게 해 준다.

하지만 머나먼 우주나 환상의 제국과 같이 존재하지 않는 배경에 배우를 배치해야 한다면 어떻게 해야 할까? 그런 경우에는 3D 배경을 제작하는 데 상당히 좋은 NewTek Lightwave(참고 : 〈씬시티〉, 〈300〉)를 사용하여 배경을 렌더링 하거나, 판타지 속의 자연적인 배경을 제작하기에 가장 적합한 e-on Vue 6 Infinite(참고 : 〈캐리비안의 해적 : 망자의 함〉, 〈스파이더위크가의 비밀〉)를 사용하면 된다. 어떤 프로그램을 사용하든지 간에 조명 정보를 이용하여 영상과 일치시킬 수 있을 것이다. 그러나 그래픽 이미지를 원치 않거나 3D 환경이 제대로 갖춰져 있지 않다면 조명 정보가 충분치 않은 스톡 영상을 사용할 수밖에 없을 것이다.

스톡 영상을 사용하게 되면 배경 영상을 보면서 조명에 대한 정보를 적어 보기 바란다. 실외 장면인가, 실내 장면인가? 실외라면 직사광선인가, 흐린 날인가? 직사광선이라면 태양의 위치는 어디쯤이며 태양광은 어떤 색상인가? 새벽의 태양광은 푸른색이 적은 5,000K이지만 정오에는 6,500K로 높아지며 일몰 시에는 켈빈 온도가 낮게 떨어지는 등 종일 변화한다. 실내 장면이라면 창문으로 들어오는 태양광과 실내의 조명을 비롯하여 얼마나 다양한 종류의 조명이 섞여 있는가? 이런 사항들을 모두 적어 두면 전경과 배경의 조명을 맞추는 데 실제로 도움이 된다.

전경에 사용할 조명의 종류

지향성 조명

실내나 실외의 다양한 상황에서 사용할 수 있으나 실외의 맑은 날씨에 가장 적합하다. 지향성 조명에는 배우를 강하게 조명하는 키라이트,

피사체를 매우 극명하게 비출 수 있어서 느와르 스릴러나 공상과학류에도 잘 어울리는 측면 조명은 배경을 비추지 않기 때문에 그린스크린 작업에도 매우 유용하다.

그리고 얼굴과 몸에서 키라이트가 닿지 않는 나머지 부분을 그보다 약한 조명으로 채워 주는 필라이트가 있다. 두 조명을 조합하여 피사체에 닿는 빛이 지나치게 경직되지 않도록 한다. (감독에 따라서는 필라이트를 의도적으로 적게 비춰서 강한 '느와르' 룩을 만들기도 한다.)

지향성 조명의 가장 일반적인 형태는 삼점 조명이다. 시계의 중앙에 피사체가 놓여 있다고 상상한다. 키라이트가 4시 30분, 필라이트가 7시 30분, 조도가 낮은 키커 또는 백라이트가 11시의 위치에 있다면 배경에서 피사체를 분리할 수 있다. 키커는 컬러 젤을 부착하여 배경에서 피사체를 좀 더 분리시킬 수 있기 때문에 그린스크린 작업에 특히 많이 사용된다.

그 밖에도 배우의 시선과 정확하게 직각을 이루는 측면에서 강한 키라이트를 비추고 반대 방향에서 필라이트를 비추는 측면 조명이 많이 사용된다. 주제가 강하게 표현되는 이 스타일은 매우 매력적으로 사용될 수 있다. 키커를 배우의 머리 뒤편에 배치할 수도 있지만 측면 조명에서는 눈에 잘 띄기 때문에 조도가 지나치지 않도록 주의해야 한다.

평면 조명

대비가 낮아서 그림자가 거의 또는 전혀 생기지 않지만 조도는 확산광보다 훨씬 강하다. 배경에 인위적인 느낌을 주기 때문에 자주 쓰이지 않는다. 하지만 병원이나 사무실과 같은 장소의 실내 조명으로 사용되는 것을 흔히 볼 수 있다.

확산 조명

배우가 더 매력적으로 보이게 하기 때문에 평면 조명보다 많이 사용된다. 아주 흐린 날씨가 배경이거나 천장에 조명이 매우 강하게 반사되는 거실에 가장 적합하다. 그 외에도 중요한 참고 사항으로, 지향성 조명에 비해 잡티를 훨씬 더 많이 커버하는 확산 조명에서 여배우의 얼굴이 매력적으로 보이기 때문에 많은 조명 감독들은 시나리오와 상관없이 여배우에게는 항상 확산 조명을 사용한다. 따라서 전적으로 필요한 상황이 아니라도 그린스크린에서 여배우를 조명할 때에는 소프트박스를 사용하는 것이 좋다.

효과적으로 배우를 조명하는 방법에 대해서는 조명 트레이너 빌 홀셰브니코프Bill Holshevnikoff가 경제적이지만 매우 훌륭한 내용을 담은 『필름과 비디오 조명의 힘The Power of Lighting for Film & Video』을 참고하기 바란다.

배우의 위치와 동선 고려

그린스크린을 배경으로 서 있는 배우의 위치가 잘못되었다면 반사된 색상이 묻는 스필이 발생할 수 있다. 이런 현상을 줄이기 위해 그린스크린 조명을 약간 낮출 수도 있지만 대개 배우를 배경으로부터 멀리 이동시키는 편이 낫다. 어느 정도 거리를 두어야 할까? 안전하게 180~250cm의 거리를 두는 것이 바람직하지만, 블루스크린을 사용할 때에는 파란색이 녹색에 비해 훨씬 멀리까지 색이 묻는다는 것을 알아두기 바란다.

거리 이외에도 어떤 카메라 숏이 필요한가에 따라 배우의 위치가 정해진다. 파노라마식 배경을 사용할 수 있는 기간이 제한되어 있다면 와이드 풀바디 숏을 하루에 모두 촬영할 수 있도록 계획을 잡는다. 대부분의 다른 일반 숏(클로즈업, 미디엄 클로즈업, 익스트림 클로즈업)은 조립식 그린스크린이나 두루마리 종이 배경으로도 충분하다.

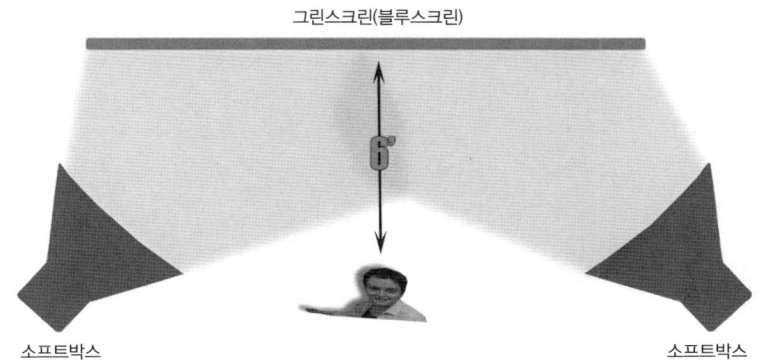

스필의 가능성을 최소화하기 위해서는 배우가 배경으로부터 최소한 180cm 이상 떨어져 있어야 한다.

배경으로부터 배우가 두드러지게 만드는 기술

기록을 통해 알 수 있는 가장 오래된 방법은 백라이트에 배경의 보색 젤을 붙이는 것이다. 그린스크린에는 마젠타를 사용하고 블루스크린에는 황토색이나 오렌지색을 사용한다. 프로덕션 과정에서 스필을 방지할 수 있다면 포스트 프로덕션 과정에서 스필 제거 기능을 사용하다가 다른 색을 오염시켜서 고생할 필요가 없어진다.

아무리 좋은 기술이라도 섬세하게 다룰 필요가 있다. 젤의 효과가 지나치면 제거하려는 스필만큼이나 부자연스럽고 이상한 윤곽선이 나타날 수 있다. 따라서 1/4~1/2f 스톱 이상의 강한 젤은 사용하지 않는 것이 좋다.

백라이트에 눈에 띄지 않을 정도의 젤만 추가하더라도 피사체가 뚜렷하게 드러난다.

색상을 적용한 백라이트와 그렇지 않은 백라이트를 사용하여 같은 장면을 시험 촬영해 본다. 키 프로그램에 따라서는 다른 색상에 거의 영향을 미치지 않는 매우 우수한 컬러 스필 알고리즘을 가진 것도 있기 때문에, 굳이 백라이트에 색을 넣지 않더라도 스필이 거의 없거나 전혀 없는 깨끗한 키를 추출할 수 있다.

깨끗한 키를 추출하는
카메라 테크닉

카메라마다 차이가 있지만 여기서는 기종에 상관없이 어떻게 배치하는지, 위치를 이동할 필요가 있는지, 어떤 색상을 설정하는 것이 가장 이상적인지에 대해서 어느 정도 일반적인 내용을 알아보고자 한다.

카메라의 최적 거리와 운용 방법

배경으로부터 배우가 배경과 피사체 간의 최적 거리인 180~250 cm 정도 떨어져 있다면 카메라와 배우 간에도 동일한 간격을 유지하는 것이 가장 좋다. 필요하다면 줌을 사용하여 거리를 좁힌다.

카메라의 위치를 고정하여 촬영하는 고정 숏에서 키를 추출하는 편이 수월하다. 그리고 고정 숏의 틸트 업/다운와 같은 움직임은 후반 작업에서도 추가적으로 만들어 낼 수 있다.

돌리 숏에서는 반드시 트래킹 마크를 배경에 표시해야 한다. 그린

스크린에 테이프로 작은 점이나 X 자를 같은 간격으로 표시해 두면 후
반 작업에서 After Effects의 트래킹 기능이나 IMAGINEER SYSTEMS의
Mocha-AE와 같은 특화된 플러그인을 사용하여 그린스크린상의 카메
라 움직임을 안정적으로 추적할 수 있다. (〈더티 트라우저스〉에서는
좀 더 규모가 큰 Mocha 소프트웨어 패키지가 사용되었다.) 그다음에는
바꿔 넣을 배경을 트래킹 데이터에 링크 또는 '슬레이브'하고 카메라
와 동일한 속도로 움직이게 한다.

트래킹 마크는 가비지 매트로 제거한다. 어두운 색상의 테이프를
사용해야 한다면 피사체가 트래킹 마크와 카메라 사이를 지나가지 않

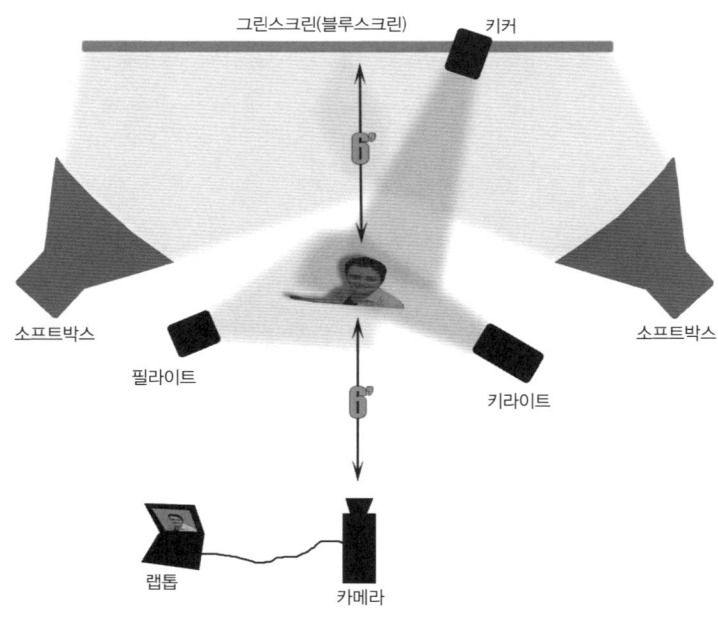

배경, 배경의 조명, 배우, 전경의 조명, 키커, 카메라의 기본적인 위치

도록 한다. 만약 불가피한 상황에 처하게 된다면 로토스코핑 작업에서 트래킹 마크를 한 프레임씩 질리도록 지우는 수밖에 없다. 피사체가 트래킹 마크를 지나 이동하게 될 경우에는 배경보다 약간 더 밝은 색의 테이프를 사용해서 트래킹 마크의 역할을 수행함과 동시에 키잉 프로그램의 2차 패스에서 키를 추출할 수 있도록 한다. (로토스코핑과 트래킹 마크 제거에 대해서는 16장의 '트레킹 마크 제거하기'를 참고한다.)

좋은 키 추출을 위한 카메라 설정

모든 카메라가 각각 다르기 때문에 최적의 카메라 설정을 설명하기는 어렵다. 그리고 카메라가 인식하는 색상의 설정을 변경해야 하는지의 여부를 비롯하여 그 외의 다른 문제들에 대해서도 열띤 논쟁이 있다.

그린스크린 전문가들은 카메라 설정과 채색 문제를 둘러싼 의견을 두고 오랫동안 논쟁을 벌여 왔다. 한쪽에서는 카메라의 설정을 변경하여 녹색(또는 파란색)의 채도를 높이면 더 깨끗한 키를 추출할 수 있다고 확신한다. 반면에 다른 한쪽은 화면의 정확한 조도와 최신의 키 소프트웨어 덕분에 카메라의 색상을 변경할 필요가 없으며, 채도를 높이면 오히려 다른 색까지 녹화될 수 있다고 한다.

참고로 필자는 그린스크린을 처음 시작하던 시절에 「마이크로필름 메이커」의 전문 기자인 톰 스턴의 조언에 따라 PANASONIC 카메라를 Cine Gamma D와 CineColor에 설정하고 촬영해서 피사체의 색상에 영향을 미치지 않으면서도 깨끗한 키를 추출하여 좋은 결과를 얻을 수 있었다. 어떤 카메라를 사용하든 장면마다 다양한 세팅을 시도해 보고 어떻게 하면 좋은 톤의 색채를 피사체에 부여하면서도 가장 깨끗하게 키를 추출할 수 있는지 확인해야 한다.

　색상 설정의 문제를 벗어나면 논란의 여지가 거의 없는 문제도 있다. 첫 번째는 카메라를 프로그레시브(순차 주사) 모드로 설정해서 색상이 통일되어 있는 단일 필드의 키를 추출해야 한다는 것이다. 인터레이스드(비월 주사) 화면은 머리빗 2개를 엇갈려 배열한 것처럼 2개의 필드가 교차하는 방식으로 녹화되기 때문에 부분적으로 어긋나 있는 이미지에서 깨끗한 키를 추출하기가 어렵다. 카메라에서 실제적인 프로그레시브 녹화가 불가능한 경우에는 인터레이스드 영상을 프로그레시브로 전환해 주는 RED GIANT의 Magic Bullet Frames와 같은 프로그레시브 컨버터를 사용할 수 있으며, 가격은 200달러 정도이다.

　두 번째는 비디오에서 일반적으로 설정하는 초당 30프레임 대신에 초당 24프레임으로 녹화하라는 것이다. 필름의 초당 프레임 수와 동일한 느린 속도로 촬영하면 좀 더 많은 빛을 녹화할 수 있다. 단, 실제적인 셔터 속도를 1/48초나 1/96초로 설정하여 모션 블러가 발생하지 않도록 주의한다. (30프레임으로 촬영하는 경우에는 셔터 속도를 1/60 또는 1/120로 설정해야 모션 블러를 방지할 수 있다.)

　세 번째는 카메라의 샤프니스 설정을 사용하지 말라는 것이다. 이 기능은 피사체의 윤곽선을 인위적으로 뚜렷하게 만들기 때문에 키를 추출할 때 거짓스럽고 부자연스럽게 나타난다. 반드시 꺼 두어야 한다.

　네 번째는 촬영 해상도를 필요 이상으로 높일 수 있다면 그렇게 해야 한다는 것이다. 특히 HDV나 HD 카메라로 SD 영상을 촬영할 때 유용하다. 고해상도로 촬영한 영상의 키를 고해상도로 추출한 후에 영상의 크기를 줄이면 파일 크기가 축소되면서 키의 결점을 최소화하기 때문에 훨씬 깨끗한 윤곽선을 추출할 수 있다.

다섯 번째는 그린스크린 조명을 끄고 카메라의 화이트 밸런스를 설정하라는 것이다. 그 이유는 배경에서 반사된 색이 카메라의 화이트에 영향을 주기 때문이다. 따라서 반드시 배경의 조명을 끄고 피사체 조명만으로 화이트 밸런스를 설정하도록 한다. 젤을 사용하는 경우에는 피사체 조명에서 젤을 제거하고 화이트 밸런스를 설정해야 젤을 다시 부착했을 때 훨씬 더 드라마틱한 컬러 변화를 이끌어 낼 수 있다.

여섯 번째로, 그린스크린 촬영 시에는 35mm 카메라 렌즈 어댑터를 사용하지 않는다. Redrock Micro M2나 LetusDirect LetUs35와 같은 35mm 렌즈 어댑터의 낮은 피사계 심도가 아무리 좋아도 그린스크린 촬영에 사용하지 않도록 한다. 피사계 심도가 낮은 35mm 렌즈 어댑터를 사용하면 윤곽선을 부드럽게 촬영할 수 있지만, 여기서의 목표는 윤곽선에 초점을 맞춰서 깨끗하게 촬영하는 것이다. 피사계 심도를 이동하는 창의적인 표현을 할 수 없다고 우려할 필요가 없다. 피사계 심도를 낮추는 효과와 랙 포커스는 깨끗하고 좋은 키를 추출한 후에 후반 작업에서 원하는 대로 만들어 낼 수 있다.

마지막으로, 카메라를 설치한 후에는 배우가 없는 상태의 그린스크린을 조명하고 몇 초 동안 녹화한다. ADOBE의 Ultra와 같은 소프트웨어에서는 깨끗한 그린스크린 화면을 이용하여 좀 더 정확하게 키를 추출할 수 있다.

표준 화질의 카메라로 고화질 영상 만들기

DVX100과 같은 SD 카메라로 HD 영상을 만들 수 있을까? 믿거나 말거나 카메라의 해상도를 회전하는 방법으로 가능하다. HD 카메라의 최고 해상도는 보통 1,080×720픽셀이다. DVX100과 같은 SD 카메라의 해상도는 720×480픽셀이다. 카메라를 단지 (90도 회전하여) 옆으로 돌려놓고 HD의 세로와 같은 720픽셀 높이로 그린스크린을 촬영한다.

여기서 한 가지 문제가 있다면, 가로 폭의 공간이 1,080이 아닌 480 픽셀로 한정되기 때문에 배우의 행동이나 팔의 움직임에 제한이 따른다는 것이다. 하지만 촬영한 영상을 편집기에 넣고 90도 회전하면 키를 HD 필름에 넣을 수 있다. 창의성과 기술을 좀 더 발휘하여, 배우를 한 명씩 촬영한 다음에 각기 다른 레이어에 넣고 합성 작업에서 공간감을 더한다면 한 무대에 여러 명이 동시에 있는 것처럼 만들 수 있다.

카메라 90도 회전

카메라를 90도 회전하여 촬영하면 HD 카메라 없이도 HD 포맷의 영상을 만들 수 있다.

그린스크린을 활용한
프로덕션 아이디어

키와 합성에 관한 책을 쓰려고 하자 수많은 응용 방법이 생각났다. 어떤 기술은 그 내용이 지나치게 혁신적이어서 하나의 장을 모두 할애해야 할 정도이다. 하지만 핵심 기술은 아니더라도 창의성을 자극하기 때문에 알아 둘 필요가 있는 것들도 있다.

다음의 내용은 두 번째 경우에 해당된다. 여기서의 내용을 활용하여 합성의 세계에서 참신한 시도가 많이 이루어지기를 바란다.

투명 인간

이 기술은 투명 인간부터 〈고스트 라이더〉에 이르는 모든 경우에 적용된다. 녹색이나 파란색의 크로마키 천으로 배우가 입을 전신복, 목이 긴 장갑, 마스크를 준비한다. 블루스크린을 배경으로 파란색 천을 사용하면 전신복 위에 입은 의상 이외의 모든 것이 사라진다. 창의적인 사람이라면 그린스크린과 파란색 전신복을 사용하여 화면에 이중 레이어를 만들 수 있을 것이다. 이와 같이 배경은 그린스크린으로, 전신복은 블루스크린으로 처리할 수 있다. 이는 배우의 얼굴이나 몸을 3D 모델로 대체하는 경우에 매우 유용한 기술이다. (배우의 전신복에 점으로 트래킹 마크를 붙이고 효과를 내는 데 필요한 특수 모캡 소프트웨어를 사용하면 되지만, 여기서 다루는 기술에 비해 난이도가 훨씬 높다.)

이 기술을 가장 독창적으로 변형한 사례 중의 하나가 데이비드 토르노David Torno와 SydeFX Ink가 제작한 〈플라이트 오브 더 콘코즈〉의 '레이디스 오브 더 월드' 뮤직 비디오이다. 콘코즈의 가수 2명이 노래를 하면서 전문 스케이트보더를 직접 연기하기는 불가능했기 때문에, SydeFX는 비슷한 헤어스타일의 스턴트맨 2명을 촬영한 다음에 그린스크린을 배경으로 그린스크린 전신복을 입은 가수들이 노래하는 것을 촬영했다. 그리고 After Effects를 사용하여 녹색을 제거하고 남은 가수의 머리를 스턴트맨의 머리에 모션 트래킹 하는 것이다. 최종적으로 실감나는 완벽한 렌더링 결과를 얻을 수 있었다.

〈씬시티〉의 메이크업

극단적인 데이글로 효과를 적용한 붕대와 광채 나는 립스틱은 후반에서 여배우가 바른 밝은 녹색의 립스틱에 좀 더 밝은 색의 키를 넣은 것이다. 붕대는 ROSCO의 DigiComp과 같은 녹색 테이프를 사용하고 후반에 훨씬 더 밝은 색의 키를 넣으면 된다. (자세한 내용은 18장을 참고한다.)

루마 키

루마(또는 명암) 키는 배경의 키를 색이 아닌 명암으로 추출한다. 가장 일반적인 방법은 순수한 검은색이나 흰색의 배경을 사용하는 것이다. 루마 키는 DV, HDV, HD 카메라에서 색상의 한계를 피해 가기 위한 좋은 방법이다. (그런 기종의 카메라는 대개 색 정보보다 명암 정보를 더 많이 기록한다.) 하지만 순수한 검은색이나 흰색의 배경을 조명으로 상당히 정확하게 만들어 내야 하기 때문에 저예산 영상을 제작하는 경우에는 사용하기가 매우 어렵다고 할 수 있다. 정확도가 떨어지면 피사체에 흰색 배경에서 반사된 빛이 많이 묻을 것이고, 검은색 배경은 피사체의 그림자와 섞여 버린다. 다른 작업에서도 경험해 본 바에 의하면, 조명을 충분히 조정할 수 있는 상황이라면 시도를 해 보는 것도 나쁘지 않다.

불이나 연기 촬영

대다수의 저예산 영화 제작자들은 VideoCopilot.net에서 키가 추출되어 있는 불이나 연기를 구입하거나 Particle Illusion을 사용하여 역학적으로 제작하는 데 만족한다. 그런데 불이나 연기 구름 효과를 직접 만들고자 한다면 검은색이나 흰색을 배경으로 촬영해야 한다. 색상이 있는 배경을 사용한다면 여기서와 같은 투명한 개체에는 틴트가 생기게 된다. 키잉 대신에 레이어 모드를 사용하여 효과를 추출하는 방법에 대해서는 18장을 참고한다.

스톱모션 애니메이션

믿기 어렵겠지만 500달러 미만의 카메라를 사용하여 최고의 해상도와 가장 키를 추출하기 쉬운 영상을 얻을 수 있다. 499달러 정도에 구입할 수 있는 NIKON D40과 같은 디지털 SLR 카메라의 해상도는 1,080p HD 카메라의 2배인 6.1MP이며, 이미지의 모든 색채를 구현할 수 있다. 대부분 디지털카메라의 버스트 모드는 비디오에 비해 느리지만 초당 2~5프레임으로 촬영할 수 있으므로 스톱모션 작업을 하기에는 충분하다.

HD 스톱모션 애니메이션 작업에는 디지털 SLR 카메라가 적격이다. 이미지의 키를 추출할 때에는 FXHOME의 PhotoKey를 사용하거나 DIGITAL FILM TOOLS의 zMatte와 같은 그린스크린 플러그인을 Photoshop에서 사용하면 된다. 그리고 나서 ADOBE의 Photoshop CS3와 같이 정지 화상을 동영상으로 만들어 주는 이미지 프로그램으로 이미지를 보내서 무비 파일을 출력한다. 물론 영상으로 촬영할 수도 있지만 원래 크기의 정지 화상에서 키를 추출하고 HD로 이미지 크기를 줄인다면 더 나은 키를 얻을 수 있다. 또한 후반에 피사체를 합성하여 돌링 또는 패닝을 할 수 있기 때문에 유용하다.

프로덕션 원칙

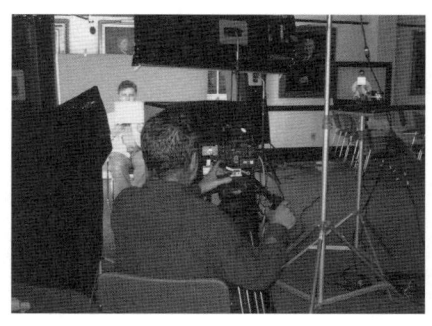

AG-HVX200A를 사용한 저예산 촬영
(Vanderpool Films와 PANASONIC)

다음 장에서 미셸의 후반 작업에 대한 설명을 하기 전에 지금까지의 프로덕션 원칙 중 대부분을 다음과 같이 정리했다.

16가지 촬영 원칙

1. *배경은 불투명하고 주름이 없어야 한다. 이는 임시로 설치된 배경은 물론 그린스크린 전용 스튜디오에도 동일하게 적용된다. 이 기준을*

만족한다면 두꺼운 원단, 장판, 팝업 스크린, 합판, 페인트칠을 한 벽까지 모두 배경으로 사용할 수 있다.

2. *배경과 배우 사이에 최소한 180cm 이상의 거리를 확보하고, 배우와 카메라 사이도 180cm 이상 거리를 둔다.* 이렇게 함으로써 배경에 그림자를 드리우지 않을 뿐 아니라, 반사된 녹색이 피사체에 묻는 스필도 최소화할 수 있다.

3. *그린스크린 조명으로 소프트박스 또는 확산광을 사용한다.* ARRI 조명과 PHOTOFLEX의 소프트박스를 세트로 사용하거나 형광 조명기를 사용하면 상당히 좋은 결과를 얻을 수 있지만, 500W의 소프트박스 2개를 사용한 SMITH VICTOR의 Economy 소프트박스, KSB1000을 사용해도 좋은 결과를 얻을 수 있다. 전등갓(법랑 코팅이 되어 있으며 주택 수리 용품점에서 판매한다) 3개에 3,200K의 500W 투광전구를 넣고 열에 강한 디퓨전 장치와 함께 사용하는 경우 40달러 정도면 되지만 반드시 6번의 내용을 참고하기 바란다.

4. *스필을 최소화하기 위해 키커 조명에 보색의 젤을 설치한다.* 젤의 강도를 지나치게 높이지만 않는다면 효과적으로 사용할 수 있는 오래된 기술이다. 젤의 강도가 지나쳐서 색상환의 반대편에 있는 보색이 피사체의 머리부터 어깨까지 묻으면 키어로 제거하기가 어려워진다. 보색의 젤을 사용할 때 블루스크린에서는 1/2 스트로 또는 1/2 노랑, 그린스크린에서는 1/2 마젠타를 사용하도록 한다.

5. 색이 있는 전구나 젤을 사용하면 그린스크린이 선명해질 뿐 아니라 키를 추출하기도 쉽다. 배경의 조명이 지나치지 않도록 주의해야 하지만 조명에 배경의 색을 더 높여 주면 풍부한 색상을 얻을 수 있다. 블루스크린에서는 5,000~6,500K의 깜빡거림이 없는 형광전구(20~45달러)를 끼운 소프트박스를 사용한다. 그린스크린에서는 ROSCO의 DigiComp 젤과 같이 색채 캘리브레이션이 되어 있는 녹색의 젤을 사용한다. 낱장의 젤을 구입하여 조명의 차광기 또는 전등갓에 부착하거나 튜브 형태의 원통에 넣어 일반적인 형태의 형광등 둘레를 감쌀 수도 있다. 단, 젤의 색이 강할수록 실제적인 빛의 투과량이 감소한다는 점을 기억하기 바란다.

6. *카메라의 'zebra' 설정 기능이나 노출계를 사용하여 배경의 조명이 전체적으로 균일한지 확인한다.* 노출계나 'zebra'를 이용하면 촬영하려는 그린스크린의 어느 부분에서도 10% 이상의 조도 차가 나지 않도록 확인하기가 쉽다. 일반 휴대용 노출계를 사용해도 되지만 가능하면 노출계 기능이 있는 소프트웨어를 설치한 노트북에 카메라를 연결하여 작업할 것을 추천한다. PC에서는 ADOBE의 OnLocation(예전 SERIOUS MAGIC의 DVRack)을 사용하는 것이 좋고, 맥에서는 DIVERGENT MEDIA의 ScopeBox를 사용하면 된다. ADOBE의 Ultra와 같은 소프트웨어 패키지가 있다면 실제로 테스트 키를 추출해 볼 수 있어서 조명이 제대로 되었는지 그리고 좋은 키를 추출할 수 있는지를 확인할 수 있다. 노트북에 필요한 소프트웨어가 없거나 노출계도 없다면 카메라에서 'zebra'의 두 단계를 조절하고 조리개를 자동

모드로 설정한 상태에서 배경의 이곳저곳을 줌인 해 본다. 만약 'zebra' 레벨을 충분히 가깝게 설정했다면 배경의 전체적인 조도의 차이가 10% 이내인지 확인할 수 있을 것이다.

7. *그린스크린을 비추는 조명이 지나치지 않도록 주의한다.* 배경의 색상은 가능한 한 순수한 녹색에 가까워야 한다. 배경에 대한 조명이 강하면 녹색이 씻겨 나가기 때문에 배경의 키를 추출하기가 어려워질 뿐 아니라 피사체에 녹색 스필이 묻을 가능성도 높아진다. 그러므로 조도를 50 IRE 내외로 유지하도록 한다.

8. *그린스크린과 별개의 조명을 사용하여 주인공을 동적으로 조명한다.* 조명은 후반 작업에서 추가하게 될 배경과 일치해야 하며, 대개 키라이트, 필라이트, 키커로 구성되는 삼점 조명을 하면 가장 현실적인 키와 완벽하게 부합된다. 단, 키라이트와 필라이트의 각도를 평소보다 약간 넓혀서 그린스크린에 닿지 않도록 해야 6번과 7번의 내용에 맞는 조명을 할 수가 있다.

9. *화이트 밸런스를 맞추기 전에 배경의 조명을 모두 끈다.* 그린스크린을 조명한 채로 화이트 밸런스를 맞추면 흰색을 제대로 설정할 수 없기 때문에 결과적으로 녹색이 씻겨 나갈 수밖에 없다. 촬영 전에 그린스크린 조명 켜는 것을 잊지 않도록 한다.

10. *색 배경과 배우 간의 차이를 가장 크게 만들 수 있는 세팅을 할 수 있*

을 때까지 카메라를 충분히 테스트한다. 카메라마다 다르지만 배경을 순수한 녹색에 가깝게 녹화할수록 영상에서 키를 추출하기가 쉬워진다. 「마이크로필름메이커」의 전문 기자인 톰 스턴은 여러 번의 기술적인 실험을 거쳐서, 가장 인기가 좋은 DVX100이나 HVX200A에서 최선의 선택은 CineColor와 Cine Gamma D를 복합적으로 설정하는 것이라는 결론을 얻었다. 앞서 언급한 바와 같이, 카메라의 설정을 변경하는 것에 대해서는 논란의 여지가 있다. 제작자에 따라서는 주인공의 색감에 부정적인 영향을 미친다고 느끼기도 한다. 개인적으로 필자는 PANASONIC 카메라를 사용하면서 그런 경우가 없었지만, 반드시 자신의 카메라로 실험을 해 보기 바란다.

11. *카메라를 설정할 때에는 아티팩트*(에일리어스 또는 재기jaggies와 동의어로 영상 처리 분야에서 사용하는 용어이다. 아날로그 신호를 디지털 신호로 바꿀 때 나타나는 불필요한 신호로 톱니 모양의 거친 윤곽선을 만든다. – 옮긴이)*를 최소화하고, 샤프니스 설정을 꺼 둠으로써 블러를 최소화하고, 서터 속도를 높여서*(초당 30프레임에서 1/60, 초당 25프레임에서 1/50, 초당 24프레임에서 1/48) *촬영하고, 전경의 피사체에 맞춘 초점을 유지한다.* 비디오카메라의 샤프니스 기능을 사용하면 전경의 피사체에 초점을 유지하기가 쉽다. 하지만 키를 추출할 때 부자연스러운 에일리어스와 피사체 테두리의 거친 윤곽선을 만든다. 윤곽선의 아티팩트가 나타나지 않게 하면서 가능한 한 깨끗하게 만들기 위해서는 서터 속도와 초점을 이용해야 한다. 서터 속도가 빠를수록 (피사체의) 동작에서 블러가 줄어들고 깨끗한 윤곽선을 얻을

수 있다. 모션 블러에서 키를 추출하는 것은 매우 어렵지만 후반 작업에서 추가적으로 만들기는 매우 쉽다. 피사체의 초점을 또렷하게 맞추는 것도 키를 정확하게 추출할 수 있는 깨끗한 윤곽선을 만들기 위한 또 하나의 방법이다.

12. *가능하다면 프로그레시브 모드로 촬영한다.* 인터레이스드 방식으로 촬영한 영상에서는 깨끗한 키를 추출하기가 어려울 뿐 아니라 어차피 후반 작업에서 필드 조합(디인터레이스드) 과정을 거치게 되므로 가능하다면 프로그레시브 모드로 촬영한다. 인터레이스드 방식으로 촬영해야 한다면, 200달러 정도에 구입할 수 있는 RED GIANT의 Magic Bullet Frames를 사용하여 프로그레시브 프레임으로 전환할 수 있다.

13. *선택의 여지가 있다면 초당 24프레임으로 촬영한다.* 실제로 초당 24프레임으로 촬영이 가능한 카메라에서는 셔터가 열려 있는 시간이 프레임당 20% 더 길기 때문에 더 많은 빛 정보를 기록할 수 있다. DV, HDV, HD 영상에 사용되는 키 프로그램은 루마와 크로마 정보를 조합하기 때문에 양 단계에 더 많은 정보를 기록할수록 더 좋은 키를 추출할 수 있다. 모션 블러가 발생하면 키를 추출하기 어려워지므로 11번의 내용을 기억하도록 한다. 가장 좋은 방법은 1/48의 셔터 속도에 초당 24프레임으로 촬영하는 것이다.

14. *필요 이상으로 높은 해상도에서 촬영한다.* 카메라의 해상도가 높아

지면 나중에 키 프로그램에서 사용할 수 있는 정보도 당연히 늘어난다. 출력하려는 상태보다 더 높은 해상도로 촬영하면 높은 해상도에서 키를 추출하고 출력 해상도로 이미지를 축소할 수 있다는 이점이 있다. 이렇게 함으로써 정확도를 훨씬 더 높일 수 있으며, 비중이 크지 않은 아티팩트라면 거의 눈에 띄지 않게 만들 수 있다. 그리고 높은 해상도로는 후반 작업에서 더 넓은 공간을 이용하여 패닝을 할 수 있다.

15. *그린스크린 촬영 시에는 35mm 어댑터를 사용하지 않는다.* 「마이크로필름메이커」에서 어떤 기사나 비평, 후기를 읽더라도 우리가 얼마나 35mm 필름 룩을 애지중지하는지 알 수 있을 것이다. 하지만 그린스크린 작업에서는 피사체의 윤곽선이 선명하고 깨끗하며 초점이 맞아야 한다. 일단 피사체의 키를 깨끗하게 추출한 다음에는 후반 작업에서 피사계 심도를 얕아 보이게 만들며, 배경의 초점은 흐리고 피사체 윤곽선의 초점은 부드럽게 만들 수 있다.

16. *가능하다면 항상 노트북에 비디오 편집, 프리뷰 소프트웨어를 설치해 둔다.* 그렇게 함으로써 조명을 하는 동안에 배경의 사진을 확인할 수 있기 때문에 적절하게 설치되었는지 알 수 있다. ADOBE의 Ultra를 사용하면 키 부분의 배경이 어떻게 보일지 정확하게 확인할 수 있다. 대부분의 편집 소프트웨어 패키지에서는 영상을 몇 초 동안 촬영하고 선호하는 키 프로그램에서 합성한 후에 조명이 배경과 잘 배합되는지를 확인할 수 있다. 노트북에 ADOBE의 OnLocation

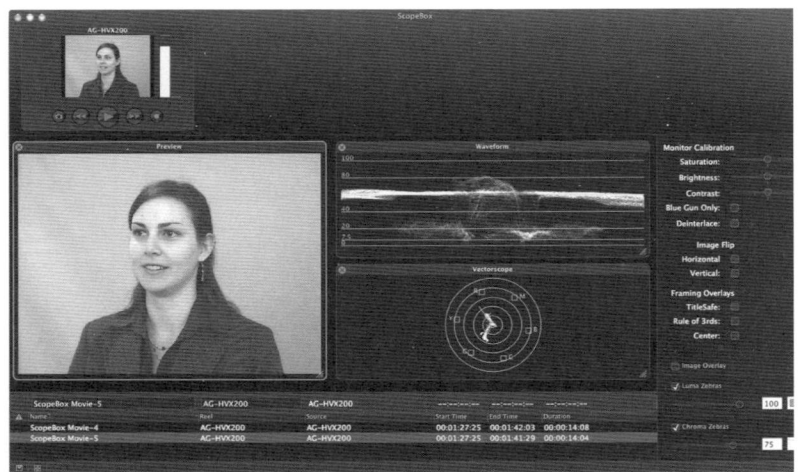

맥에서 사용하는 ScopeBox는 강도 높은 조명과 색상 모니터링을 하고 프로덕션 과정에서 깨끗한 키를 추출할 수 있게 해 준다.

이 있다면 노출계 프로그램을 사용하여 모든 조명의 강도를 확인하고 그때그때 클립의 제목을 적어 넣을 수 있으며, DVX100이나 HVX200A 또는 다른 24p 카메라를 사용한다면 실제적인 초당 24프레임의 프로그레시브 촬영이 가능하다. 맥 노트북에서는 Scope-Box를 사용하여 동일한 작업을 할 수 있다.

최적의 촬영을 위해 배우에 대해 알아야 할 5가지

주요 촬영 수칙 이외에도 배우와의 작업에서 알아 두어야 할 몇 가지 정보를 놓칠 수 없다. 16가지 주요 수칙을 모두 완벽하게 지킨다고 해도 배우에 대해 다음 사항을 소홀히 한다면 문제가 발생할 수 있다.

1. 그린스크린이 거의 다 준비될 때까지 배우가 등장하지 않도록 한다. 영구적인 그린스크린 스튜디오를 사용하지 않는 한 그린스크린을 설치하고 처음으로 조명을 하는 데에는 적어도 2~4시간 정도가 소요될 것이라고 예상해야 한다. 배우가 주변을 배회하면서 지루해하고 피곤해하며 짜증을 내는 것은 바람직하지 않다. 또한 다음의 4번에서 언급한 것처럼 배우가 더워 하거나 땀을 흘려서도 안 된다.

2. 배우는 녹색이나 녹색 계통의 의상을 입지 말아야 한다. 배우의 의상에서 파란색과 녹색이 섞여 있는 청록색이나 옥색과 같은 색상도 배제해야 한다. 녹색만 피하면 된다는 단순한 생각을 갖지 않도록 주의한다. 그리고 카키색이나 갈색은 주변의 녹색을 지나치게 흡수하는 경향이 있다(물체마다 각기 다른 가시광선을 선택적으로 흡수하거나 반사하여 고유한 색을 갖는 성질이 있다. – 옮긴이). 블루스크린을 사용하는 경우에도 배우가 블루진과 같은 파란색이나 녹색 의상을 입지 않도록 해야 한다.

3. 배우가 반짝거리는 의상을 입지 않도록 하고 현장에서도 반사가 심한 물체가 보이지 않게 한다. 반짝거리는 물체는 녹색을 반사하기 때문에 결과적으로 투명하게 나타난다. 광택이 없는 의상이 가장 좋으며 모든 가구도 매트한 재질이어야 한다. 윤이 나는 나무 재질도 녹색을 반사하는데 스테인리스 가구나 유리 테이블을 사용한다면 어떤 결과를 얻게 될지 쉽게 상상할 수 있을 것이다. 유리병, 크리스털 그릇, 돋보기안경과 같은 소품에도 주의를 기울여야 한다.

4. *배우의 메이크업이 새로 한 듯 깨끗한지 항상 확인한다.* 메이크업은 원하는 표정을 표현해야 하는 어떤 필름 작업에서도 필요하지만, 그린스크린에서는 얼굴의 광택이 녹색을 반사하지 않아야 하기 때문에 메이크업이 매우 중요하다. 그린스크린 조명의 광도는 다른 종류의 촬영에서보다 더 빠른 속도로 메이크업이 녹아내리게 한다. 그러므로 주기적인 메이크업 계획을 세워 둔다.

5. *배우의 헤어스타일을 정리한다.* 가장 어려운 그린스크린 작업 중 하나가 머리카락이 헝클어지거나 자연스럽게 늘어져 있는 상태에서 나풀거리는 머리카락의 키를 추출하는 것이다. 여기서의 목표는 깨끗한 키를 추출하는 것이므로 가능한 한 배우의 헤어스타일을 깨끗하게 다듬어야 한다. 캐릭터를 표현하는 데 지장이 없다면 깔끔하게 늘어뜨리거나 빡빡하게 땋은 헤어스타일 또는 말끔하게 깎은 머리에도 젤을 발라 정리하는 것이 좋다. 영상마다 헤어스타일에 대한 요구가 다르지만, 미리 편리한 헤어스타일을 계획하는 것은 어려운 일이 아니다.

키 추출의 핵심 요소

그린스크린 촬영 장면과 장면의 분위기를 잘 표현한 합성 장면(그린스크린 : 앤지 미스트레타, 3D 배경 : 폴 우드)

키의 추출에 대한 진실은 키잉이 과학이자 예술이며 시행착오의 과정이라는 것이다. 그리고 한 번에 완벽한 키를 추출하는 것은 불가능하며 완벽한 키란 존재하지 않는다는 것 또한 사실이다.

지금부터는 키잉의 기본적인 내용을 다룰 것이다. 합성에 관한 책 중에는 좋은 키를 추출하기 위한 과학적인 배경 지식을 지나치게 깊이

파고들어 정확히 색을 측정하고 수학 공식을 풀게 하는 것도 있다. 하지만 그렇게까지 따분한 내용은 많이 다루지 않으려고 한다. 다음 내용은 가능한 한 짧은 시간 내에 많은 정보를 흡수하도록 하기 위한 것이다. 따라서 익숙하게 다룰 수 있는 비선형 편집기나 합성 프로그램을 사용하여 좋은 키를 추출하는 방법을 배우게 될 것이다. 대수 방정식으로 시간을 낭비할 필요는 없다.

일단은 영상을 준비하는 과정과 여러 작업을 동시에 하는 등의 기본적인 작업의 흐름을 비롯하여 전문 용어를 배워 보자. 키 프로그램인 ADOBE의 After Effects와 APPLE의 Final Cut Studio에 대해 설명하고, 작업을 좀 더 빠르고 효율적으로 완성할 수 있는 플러그인에 대해서도 알아본다.

훌륭한 키잉 기술과 좋은 스토리텔링

우리의 목표는 키잉 기술을 이해하고 실제 같은 합성 결과물을 만드는 다양한 방법을 터득하는 것이지만, 아무리 훌륭한 키로도 좋은 스토리텔링을 대체할 수는 없다는 점을 잊지 말았으면 좋겠다. 흥미 없는 이야기는 아무리 많은 CGI나 효과로도 보정할 수가 없다. 매년 여름이면 화려한 효과를 앞세운 영화들이 쏟아져 나오고, 믿을 수 없을 만큼 훌륭하게 만든 효과에도 불구하고 초점을 잃은 스토리, 감동과 좋은 대사가 결여되어 있는 스토리를 많이 볼 수 있다. 부디 여러분은 〈에일리언 대 프레데터〉나 〈레오나드 파트 6〉보다 좋은 영화를 만들 수 있기를 바란다.

영상 준비하기

브라이언 케저Bryan Kezer가 Pinnacle Impression DVD 교재를 제작해서 교육하던 웹사이트는 없어졌지만, 그린스크린 작업과 일반적인 프로덕션에 대해 그가 제시한 몇 가지 규칙은 다음과 같이 남아 있다.

규칙 1 : 콩 심은 데 콩 나고, 팥 심은 데 팥 난다.

규칙 2 : 두 번 재고 한 번에 자른다.

규칙 3 : "후반에 고치면 돼." 라고 하는 사람은 테러범이거나 신용할 수 없다. 왜냐하면…….

규칙 4 : 후반 작업에서 모든 것을 해결할 수는 없다.

규칙 1을 설명하자면, "영상이 형편없으면 키를 추출하기 어렵다." 이다. 규칙 2는 비선형 편집과 별로 상관이 없지만, 규칙 4는 대다수가 외면하려는 항목이다. 모든 그린스크린 규칙을 준수해서 촬영했다고 해도 여전히 카메라로 인한 녹색 스필이나 DV의 압축 문제 등 수정해야 할 부분이 생기는 것을 피할 수가 없다. 키를 추출하기 전에 영상을 보정하면 시간과 불만을 현저하게 줄일 수 있다. 다음은 그린스크린 장면마다 점검이 필요한 작업의 목록이다.

1. 픽셀의 종횡비(가로세로 비율)를 확인한다.
2. 필드를 조합한다.
3. 노이즈와 아티팩트를 제거한다.
4. 윤곽선을 확인한다.
5. 그린스크린을 균일하게 정리한다.
6. 가비지 매트를 만든다.

픽셀의 종횡비 확인

PAR(pixel aspect ratio, 픽셀 종횡비)는 주의하지 않으면 큰 문제를 일으킬 수 있는 헷갈리는 기술적 내용 중 하나이다. 배후의 과학적인 지식을 알 필요는 없지만 이 문제에 대해 어떻게 작업을 해야 하는지 알고 있어야만 한다.

대부분의 컴퓨터 모니터 화면 비율은 4:3으로 1:1 종횡비의 정방형 픽셀을 사용한다. 즉, 픽셀의 높이가 넓이와 같다. NTSC DV와 D1 비디오의 화면 비율도 4:3이지만 정방형 형태의 픽셀을 사용하지 않는다. 비정방형 픽셀은 세로로 늘어난 형태이다. 컴퓨터 화면에서 보면 넓어 보이지만 비디오 출력을 하면 다시 정상으로 보인다.

비정방형 픽셀은 정방형 픽셀에
비해 좁아 보인다.

종횡비가 1.0인 정방형 픽셀   종횡비가 0.9인 비정방형 픽셀

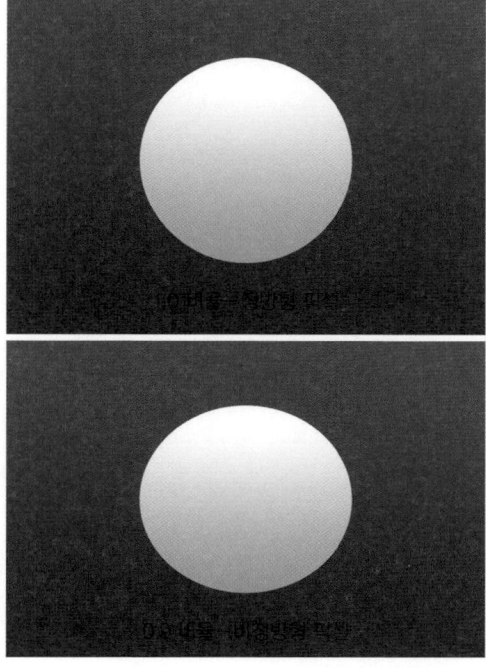

비정방형 픽셀은 컴퓨터 화면에
서 왼쪽 그림과 같이 보인다.

영상마다 PAR가 다르지만 After Effects의 Interpret Footage 입력 창
에서 수정이 가능하다. 비디오가 정상적으로 인식되고 세팅을 바꾸지

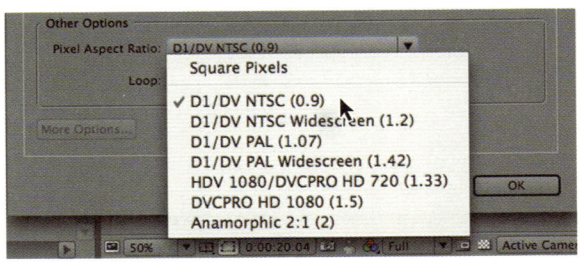

ADOBE의 After Effects에서 픽셀의 비율을 바로잡으려면 File>Interpret Footage Main에서 풀다운 메뉴의 설정을 변경한다.

만 않는다면 After Effects에서 영상을 제대로 세팅할 수 있다. 세팅이 올바르지 않으면 영상이 넓어져서 배우도 뚱뚱하게 보일 것이다. 그렇게 보이는 것을 좋아할 배우는 없다.

After Effects에서는 각기 다른 PAR를 하나로 합성할 수 있다. 정방형 픽셀로 합성을 세팅하고 DV 클립을 타임라인에 넣으면 비정방형 비디오가 정방형으로 자동 변환된다.

After Effects에는 종횡비 변환 기능이 내장되어 있다. Comp 화면 하단에 Toggle Pixel Aspect Ratio Correction 버튼이 있다. After Effects는 Comp 화면의 모든 비디오를 정방형 픽셀로 프리뷰 하므로 정상적인 화면을 볼 수 있어서 작업하기가 훨씬 수월하다.

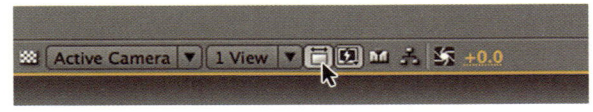

Toggle Pixel Aspect Ratio Correction 버튼

필드 조합

대부분의 비디오에서 하나의 인터레이스드 프레임은 2개의 필드로 구성된다. 엇갈려 엮인 2개의 필드는 이미지 라인을 번갈아 표시하며 움직임을 부드럽게 표현하고 깜빡임을 줄여 준다.

	프레임 비율	필드 비율
NTSC	29.97프레임/초	59.94필드/초

NTSC 텔레비전의 표준 프레임 비율은 60 인터레이스드 필드(60i, 기술적으로는 59.94)이며 PAL과 SECAM에서의 비율은 50 인터레이스드 필드(50i)로 이 표준은 수십 년 동안 사용되어 왔다. 예전에는 액션이 많은 영상을 텔레비전에서 제대로 보여 줄 수 없었기 때문에 필드를 도입하여 느린 주사 속도로 인한 깜빡임 현상을 해결했다. 인터레이스드 방식으로 영상을 부드럽게 재생할 수 있게 되었지만 각 필드는 해상도

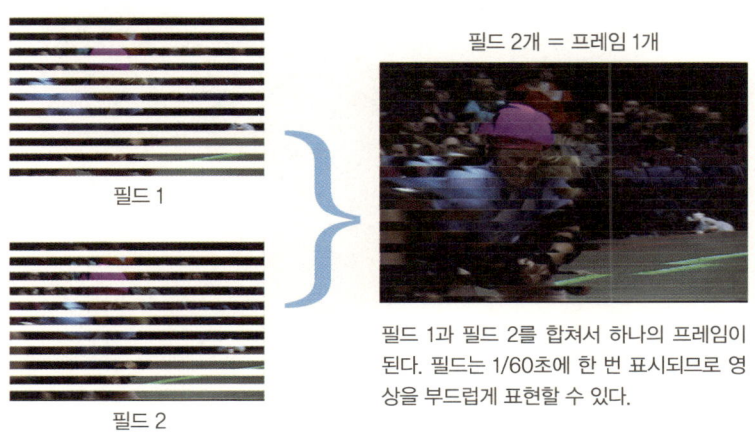

필드 1

필드 2

필드 2개 = 프레임 1개

필드 1과 필드 2를 합쳐서 하나의 프레임이 된다. 필드는 1/60초에 한 번 표시되므로 영상을 부드럽게 표현할 수 있다.

의 절반밖에 표현할 수 없다. 하지만 벽걸이 텔레비전이 널리 보급된 지금까지도 여전히 인터레이스드 필드 방식이 많은 곳에서 사용되고 있다.

컴퓨터 모니터는 프로그레시브 방식이기 때문에 컴퓨터에서 비디오로 작업을 하는 경우에는 필드로 인해 많은 문제가 발생할 수 있다. 필드는 빠른 움직임, 모션 블러, 대비가 심한 윤곽선에서 가장 잘 드러난다. 이때는 키를 추출하기가 더 어려우며 화면을 확대하는 경우에는 문제가 훨씬 심각해진다. 키 추출, 마스킹, 확대 등 유사한 작업을 하기 전에 영상의 필드를 조합해야 한다.

필드의 조합은 인터레이스를 제거하는 과정이다. 프로그레시브 모드로 비디오를 촬영(즉, 필드 없이 프레임만을 촬영)했다면 다행스럽게도 다음 내용을 읽지 않아도 좋다.

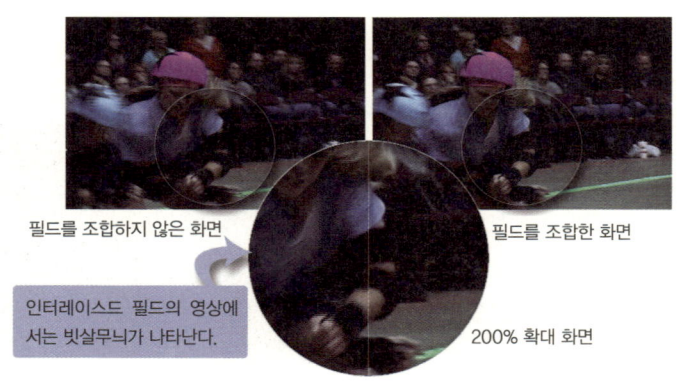

필드를 조합하지 않은 화면   필드를 조합한 화면

인터레이스드 필드의 영상에서는 빗살무늬가 나타난다.

200% 확대 화면

필드는 비디오 화면을 가로지르는 수평 빗살무늬 선이다. 필드 조합을 제대로 하지 않고 화면을 확대하면 필드로 인한 문제가 훨씬 더 악화된다.

After Effects로 필드 조합(디인터레이싱)하기

다음은 ADOBE의 After Effects로 필드를 조합하는 과정이다.

1. 화면을 보고 필드가 있는지 확인한다. 인터레이스 상태의 필드라면 빗살무늬가 보일 것이다. 움직임이 별로 없는 영상이거나 3:2 풀다운을 거쳐 필름에서 변환되었다면 인터레이스 상태가 분명치 않으므로 최소한 5개 이상의 프레임을 확인해 본다. 필드가 없는 플래시 파일, 3D 렌더링, 필름 캡처된 영상을 필드 조합하는 경우에는 화질이 떨어진다.
2. 필드의 순서를 정한다. 순서가 잘못되어 역순으로 재생되면 지저분하고 엉망진창인 상태가 된다. After Effects는 자동으로 필드의 순서를 알아내지만, 비디오 태그에 필요한 정보가 없다면 필드의 순서를 찾아내고 직접 필드를 조합해야 한다.

After Effects에서 필드 순서를 확인하는 데 사용하는 분석법은 다음과 같다.

- 모든 DV 영상은 짝수 필드lower field가 우선이다.
- NTSC D1 영상은 장비에 따라 다르다.
- 인터레이스 HD 영상은 홀수 필드upper field가 우선이다.
- PAL D1은 홀수 필드가 우선이다.

After Effects는 영상에서 움직임이 있는 부분만 필드를 조합해야 한다. 하지만 정확하게 과학적인 과정은 아니기 때문에 어떤 영상에서는 좋은 결과를 내지 못한다.

3. Project 창에서 영상을 선택한다.
4. File > Interpret Footage > Main을 선택한다. Fields의 풀다운 메뉴에서 Lower Field First 또는 Upper Field First를 선택한다. Interpret Footage Main 창으로 바로 가려면 Option(또는 Alt)을 누른 상태에서 더블 클릭한다.

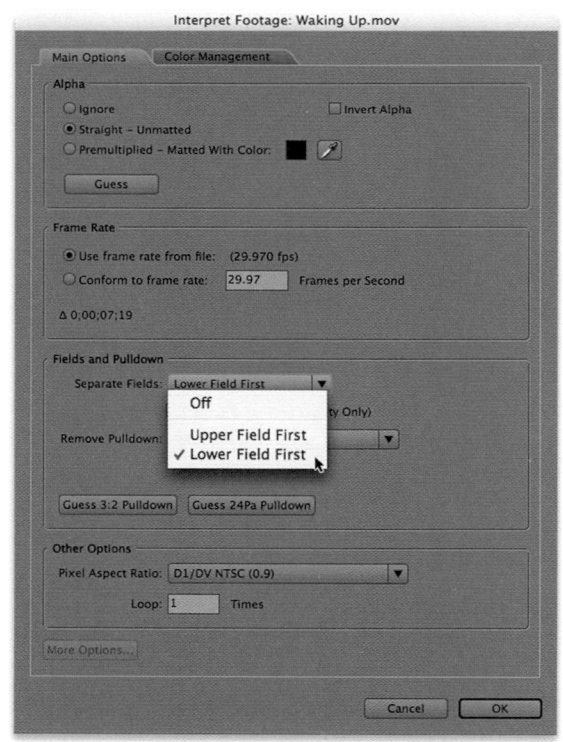

5. Footage 창에서 영상을 보고 필드가 조합된 상태를 확인한다. 타임라인의 영상을 더블 클릭하고 Opt 또는 Alt 키를 누른 상태에서 더블 클릭하여 Footage 창으로 파일을 불러온다. Page Down 키를 사용하여 한 프레임씩 확인한다. 움직임이 급작스럽게 변하거나 흐름이 자연스럽지 않다면 필드의 순서가 잘못되었을 수도 있다. 그렇다면 4번으로 되돌아간다. (주의 : 필드 조합 전에 Project 창을 더블 클릭하면 영상이 QuickTime 창에서 재생된다.)

가끔씩 필드 조합을 거치지 않고 확대한 후에 또다시 렌더링을 한 영상과 같이 엉망이 된 상태를 해결해야 할 때가 있다. 그 정도로 엉켜 있는 영상은 필드 조합을 할 수가 없다. 필드에 손을 대지 않고 눈에 띄지 않기만을 바랄 수밖에 없는데, 이와 같은 경우에 가장 좋은 해결 방법은 엉망이 되기 전의 원본을 구해서 새로 작업하는 것이다.

필드 작업을 위한 타사 프로그램

RE:Vision Effects FieldsKit(90달러)의 특징은 깨끗한 필드 조합과 향상된 인터레이스/풀다운 작업 공정이다. FieldsKit는 ADOBE의 After Effects, Premiere Pro, APPLE의 Final Cut Pro, AUTODESK의 Combustion, 그 외의 After Effects 호환 프로그램과 연동된다.

RED GIANT Magic Bullet Frames(199달러)는 또 다른 타사 프로그램이다. 평범한 인터레이스 비디오에 알고리즘이 정교한 Magic Bullet Frames를 적용하면 더 부드러운 느낌에 전문적으로 필드 조합된 24p 필름 룩을 표현할 수 있다.

필드와 필드 조합에 대해 좀 더 알아보려면 크리스 메이어Chris Meyer 와 트리시 메이어Trish Meyer가 운영하는 Cybermotion을 참고하기 바란다. Lynda.com에서는 After Effects의 필드에 대한 훌륭한 교육 영상 시리즈를 제공한다.

노이즈와 아티팩트 제거

먼저 아티팩트, 노이즈, 입자grain를 없애고 컬러 채널을 다듬는다면 훨씬 깨끗한 키를 추출할 수 있다. 상태가 매우 훌륭한 영상이라면 그와 같은 사전 처리가 불필요하지만 DV로 촬영한다면 간단한 정리만으로도 어느 정도 깨끗한 키를 얻을 수 있다.

잘못된 조명, JPEG, 기타 압축 관련 아티팩트, 필름 입자, 하프톤 패턴 등의 노이즈는 제거하는 것이 좋다. DV 영상에서는 블루 채널의 노이즈가 가장 심하고 그린 채널이 가장 깨끗하다.

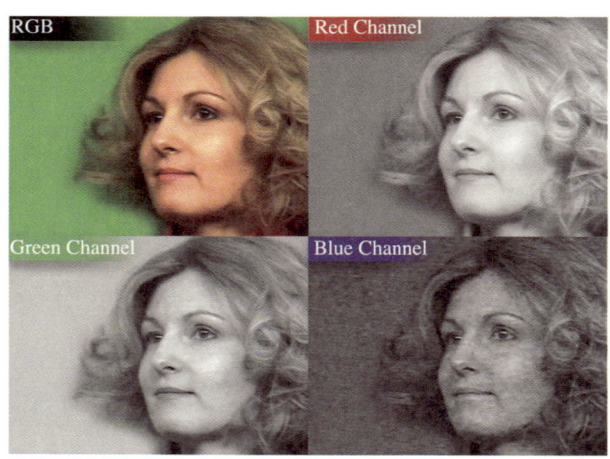

DV 방식에서는 파란색의 노이즈가 가장 심하다.

각 채널의 노이즈 제거하기

시각효과 작업자이며 APPLE Shake의 달인인 엔지 미스트레타Angie
Mistretta의 노이즈 제거법 — "각 채널별로 입자를 제거해야 합니다." —
은 거의 모든 프로그램에 적용할 수 있다. 블루 채널에서 부드러운 블
러를 사용하여 문제를 해결할 수 있는 경우도 있지만 주의가 필요하며
대개 그것만으로는 충분치 않다. 엔지는 "채널을 시프트 해야 한다면
각 채널의 입자를 제거한 후에 채널들을 조합해야 하는데 Shake의 노
드에서는 각 채널을 개별적으로 조정할 수 있습니다."라고 한다. 그렇
다면 After Effects에서는 어떻게 해야 할까?

After Effects의 Remove Grain 필터

각 채널별로 입자를 제거하려면 After Effects에 포함되어 있는
Remove Grain 필터를 사용한다. 설정 값을 아주 높이면 영상이 부드러
워지지만 낮은 값으로는 효과가 매우 적다.

1. Apply Effects > Noise & Grain > Remove Grain을 선택한다.
   Remove Grain 필터는 입자 및 제거에 관한 알고리즘을 훌륭하게

파악한다.

2. Remove Grain과 여러 타사 플러그인에는 현재 설정 상태의 플러
그인 샘플을 확인할 수 있는 Preview 창이 있어서 렌더링과 화면
업데이트를 빠르게 할 수 있다. 미리 보기 창의 중앙을 클릭하여
레퍼런스로 사용하려는 곳으로 드래그 한다.

3. Noise Reduction Settings > Mode 메뉴를 사용하여 모든 채널에
서 노이즈를 제거할 것인지(multichannel), 아니면 하나의 채널에
서만 노이즈를 제거할 것인지(single channel) 정할 수 있다. 비디
오의 노이즈는 주로 블루 채널에서 발생하기 때문에 블루 채널의
기준을 다른 채널들에 비해 높게 설정할 수 있다.

4. 노이즈를 제거할 때에는 단일 채널과 동시에 통합된 RGB를 참고
해야 채널 간에 이동할 필요가 없다. Composition 창 2개를 나란
히 놓고 보면서 작업을 하면 다른 작업을 할 때에도 유용하다. (두

흰 선으로 표시된 부분이 Preview Area이다. 두 부분으로 된 Compositioin 창의 왼쪽은
RGB, 오른쪽은 블루 채널이다. (출처 : 톰 스턴, FILMdyne Production, LLC)

번째의 Comp 창을 화면에 띄우는 방법에 대해서는 잠시 후에 다루는 내용을 참고한다.)

5. Remove Grain은 화면에 전체적으로 적용되기 때문에 비디오상의 오염이나 먼지를 제거하는 데 적당치 않다. Sampling 메뉴에서 샘플 포인트를 설정해 볼 수는 있다. 샘플 포인트는 나무, 물, 회벽과 같은 자연적인 텍스처가 없는 중간 톤 범위의 영역에서 선택해야 한다. Remove Grain은 텍스처를 기준으로 노이즈를 계산하기 때문에 별 도움이 되지 않는다. 마크 크리스티안센Mark Christiansen이 저술한 『Adobe After Effects CS3 Professional Studio Techniques』에서 알려 준 것처럼 Remove Grain 플러그인을 중년 여배우의 얼굴을 팽팽하게 만드는 데 사용한다면 경우에 따라 피부 결에 디지털 보톡스 효과를 내는 데 매우 유용하다. 샘플 포인트는 첫 번째 프레임에서 선택하도록 초기화되어 있으므로 변경한 후에는 원본 프레임을 키 프레임으로 정한다.

Remove Grain에서 포인트를 샘플링 하는 과정

6. Remove Grain에서 Fine Tuning과 Noise Reduction 설정을 재조정한다. 효과의 강도가 지나치면 질감이 밋밋해지므로 주의해야 한다. 렌더링을 하기 전에 Viewing 모드를 Final Output으로 변경한다.

키잉 프로그램에는 키 추출을 위한 노이즈 제거 기능이 포함되어 있는 경우가 많다. Foundry Keylight에서는 Screen Pre-Blur와 Screen Softness 기능을 사용할 수 있다.

Comp 화면을 하나 더 추가하면 모니터링에 도움이 된다. After Effects에서 Composition 창을 추가하려면 Comp 화면의 맨 윗부분에 있는 제목을 클릭한다. 풀다운 메뉴가 나타나면 New Comp Viewer를 선택한다. 추가된 Composition 탭이 보라색으로 바뀔 때까지 Comp Viewer 화면의 우측으로 가져간다. Comp 화면의 하단에 있는 Show Channel을 사용하여 New Comp Viewer의 채널을 변경할 수 있다.

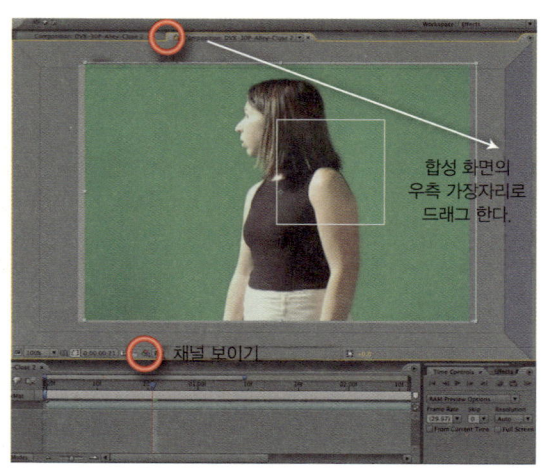

합성 화면의
우측 가장자리로
드래그 한다.

채널 보이기

2개의 Comp 창을 사용하면 화면을 번갈아 띄울 필요가 없으므로 작업 속도를 높일 수 있다.

플러그인을 사용하여 노이즈를 감소시킬 수 있다. 필자가 2008년의 NAB(라스베이거스에서 열리는 세계적인 규모의 방송 장비 전시회)에서 만난 RE:Vision Effects의 피터 리트비노비츠Peter Litwinowicz에 의하면, "그린 스크린 부분에 노이즈가 있으면 좋은 키를 추출할 수 없지만, DE:Noise 라는 플러그인은 주요 피사체의 윤곽선와 디테일을 선명하게 유지하면 서 노이즈를 제거할 수 있도록 하기 때문에 훨씬 더 좋은 키를 추출할 수 있다." RE:Vision Effects DE:Noise는 ADOBE의 After Effects, Premiere Pro, BORIS의 Red, AUTODESK의 Combustion, APPLE의 Final Cut Pro, Motion, EYEON의 Fusion 등 여러 프로그램에서 사용할 수 있으며, 가격은 149달러이다.

DIGITAL FILM TOOLS의 Composite Suite에는 DV나 HD 비디오 영 상에서 생긴 노이즈를 쉽게 제거할 수 있는 Deartifact라는 플러그인이 포함되어 있다. 윤곽선상의 에일리어스나 계단식 패턴을 제거하는 데 매우 효과적이며, 가격은 295달러이다.

BORIS FX의 Continuum Complete의 가격은 899달러로 앞서 언급 한 플러그인들에 비해 비싼 편이지만 BCC DeGrain과 BCC DeNoise 라는 두 가지 노이즈 제거 필터를 포함하여 모든 기능을 갖추고 있다. BCC DeGrain은 샘플링 입자를 분석하여 유사한 빈도와 강도의 노이즈 를 제거한다. 특히 BCC DeNoise는 필름 유제나 비디오 압축으로 생긴 어두운 부분을 수정하여 필름을 복원하는 데 탁월하다. BCC는 거의 모 든 프로그램에서 사용할 수 있다.

마지막으로 RED GIANT SOFTWARE의 Key Correct Pro는 키 작업 전용으로 제작되어 노이즈가 있는 영상과 매트를 깨끗하게 정리할 수 있으며, 가격은 399달러이다. Denoiser와 Alpha Cleaner는 약한 조명으로 인한 노이즈를 제거하는 데 효과적이다.

윤곽선 확인

입자를 제거하거나 톤을 낮춘 후에는 전방에 있는 피사체의 윤곽선을 점검해야 한다. DV로 촬영했다면 분명히 윤곽선상에 계단 모양의 패턴이나 에일리어스가 생겼을 것이며 키를 말끔하게 추출할 수 없다. 컬러 채널의 샘플링 비율이 낮은 DV 압축 영상에서 키를 추출하면 계단 모양의 패턴이 더욱 두드러지게 나타난다.

After Effects의 Channel Combiner와 Channel Blur로 부드러운 윤곽선을 만든다. 이 책을 만드는 데 많은 도움을 준 친구, 엔지에 의하면 After Effects에서 비디오의 색 공간을 YUV로 전환할 수 있다.

1. After Effects에서 Channel Combiner 효과를 적용하여 영상의 색

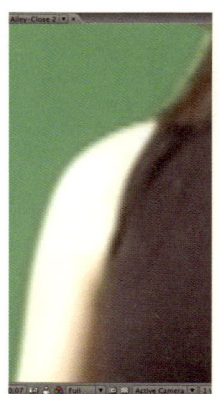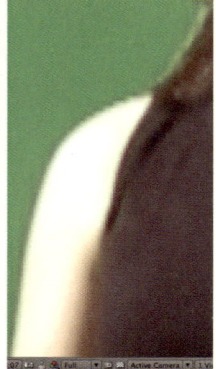

왼쪽 화면은 Channel Combiner를 사용하여 RGB를 YUV로 전환했다가 되돌린 것이며, 오른쪽 화면은 Channel Blur만 적용한 것이다.

공간을 YUV로 전환한다(Effect > Channel > Channel Combiner). From의 풀다운 메뉴에서 RGB를 YUV로 바꾼다. 영상이 이상하게 보이는 것이 정상이다. 이 플러그인은 8bpc만을 지원하기 때문에 16bpc로 작업을 하면 "본 효과를 채널당 16비트의 프로젝트에 사용하면 색 정확도가 감소할 수 있다."는 오류 메시지가 뜰 것이다.

2. 블루 채널과 레드 채널에만 약간의 수평 블러 효과를 넣는다. 즉, Channel Blur를 적용한다(Effect > Blur & Sharpen > Channel Blur). 블러의 강도가 높으면 이미지가 부드러워지므로 주의한다. Repeat Edge Pixels 상자에서 Blur Dimensions를 Horizontal로 설정한다.

3. 수직 블러를 약간 넣어도 좋다. 새로운 Channel Blur에서 위 과정을 되풀이한다. 수직 블러는 수평 블러에 비해 훨씬 약하게 적용

Channel Combiner를 적용하여 RGB를 YUV로 전환했다. 레드 채널과 블루 채널에서 약간의 Channel Blur를 적용하여 윤곽선을 부드럽게 만들었다.

해야 한다.

4. Channel Combiner를 다시 적용하여 RGB로 되돌린다. Effect Controls 화면에서 효과를 복사하여 Channel Blur 효과의 아래로 드래그 하고 From을 YUV에서 RGB로 전환하면 된다.

5. 차이가 잘 드러나지 않지만 화면을 확대하고 Channel Combiner 효과를 모두 끄고 본다면 커다란 차이를 느낄 수 있을 것이다.

왜 YUV로 전환해야 할까? YUV는 영상 기기에서 사용되는 색 공간의 일종으로 컴포지트 컬러 비디오의 표준으로 사용되며 기술적으로는 YCbCr로 표기할 수 있다. 위키피디아의 설명을 빌리자면, "YCbCr를 사용하여 색 채널에서 (4:2:2 또는 4:1:1의 일반적인 비율로) 다운 샘플링을 하면 파일의 크기를 줄일 수 있다."

그래서 무엇이 어떻다는 것일까? 다음은 YUV 색 공간에 대한 개별적인 설명이다.

Y(또는 Luma) = 레드 30% + 그린 59% + 블루 11%에 해당되는 휘도
U(또는 Cb) = R−Y, 레드 신호에서 휘도를 뺀 것
V(또는 Cr) = B−Y, 블루 신호에서 휘도를 뺀 것

그리고 Y 채널에서 그린이 차지하는 비율이 훨씬 크다는 사실로부터 그린스크린이 비디오에 가장 적합한 이유를 알 수 있다.

윤곽선의 계단 패턴을 완화하기 위한 타사 프로그램

RED GIANT Key Correct Pro는 ADOBE After Effects의 플러그인으로 사용이 매우 편리한 Deartifactor라는 플러그인을 포함하고 있다. Deartifactor는 프리프로세스 필터이므로 키어를 사용하기 전에 적용한다. 컬러 모델을 설정하면 자동적으로 색이 밀집되는 문제가 해결된다. 컬러 모델은 DV, HDCAM, 또는 Other로 설정한다.

타사 키 프로그램 부분에서 자세하게 설명하겠지만 DIGITAL FILM TOOLS의 zMatte에 포함되어 있는 Deartifact라는 플러그인은 윤곽선의 계단 패턴이나 에일리어스는 물론, DV나 HD 비디오 영상의 아티팩트를 깨끗하게 제거한다.

dvMatte Pro Studio의 Edge Blending 기능을 사용하면 자동적으로 윤곽선을 부드럽게 정리할 수 있으며, 가격은 199달러이다. dvMatte Pro Studio는 APPLE의 Final Cut Pro, Final Cut Express, Motion에서 사용할 수 있다.

그린스크린 고르기

영상에서 윤곽선이 다소 어둡거나 그린스크린의 조명 상태가 고르지 않았다면, 키를 추출하기 전에 가볍게 색 보정을 함으로써 컬러 채널을 부드럽게 만들 수 있다. Hue/Saturation 또는 Curves를 사용한다 (Effect > Color Correction, After Effects CS3 이상). 녹색을 약간만 올려 준다. 단, 화면에 녹색이 매우 부족하거나 피사체에 녹색이 묻었을 때만 이와 같이 한다.

왼쪽의 원본 영상은 배경에 노이즈가 있으며, RED GIANT Key Correct Pro의 Deartifactor 와 Smooth Screen의 Effect 조정 메뉴이다. 가운데 이미지는 Smooth Screen의 결과를 보여 준다. 전경의 이미지는 영향을 받지 않았음을 알 수 있다. 오른쪽은 View Strength를 사용하여 노이즈를 제거하는 것을 보여 준다. (출처 : 나츠키 카토)

그린스크린 고르기에 사용할 수 있는 타사 프로그램

RED GIANT Key Correct Pro의 Smooth Screen은 픽셀을 균일하게 조절하여 배경색을 고르고 노이즈를 제거한다. 다시 말하지만 프리프로세스 필터이기 때문에 키를 추출하기 전에 적용해야 한다. 조절 레버를 이동하여 Screen Color, Hue Tolerance, Lightness Tolerance, Flattening의 정도를 설정할 수 있다.

다른 사람으로부터 이미 압축된 영상을 받았을 경우에 Key Correct Pro를 사용하면 압축으로 인한 노이즈를 효과적으로 제거할 수 있다. Screen Mode에 있는 View Strength를 사용하면 노이즈가 완화되는 부분이 흰색의 픽셀로 표시되기 때문에 제거되는 부분을 실제로 보고 확인할 수 있어서 매우 좋다. 지나친 강도로 적용하면 전경의 색조에 틴트가 생기거나 모션 블러가 있는 부분을 침범할 수 있다.

deMatte Pro Studio의 Screen Fix 기능은 깨끗한 배경을 사용하여 그린스크린을 정리해 준다. 항상 깨끗한 배경이나 배우가 없는 상태의 그린스크린을 촬영해 두도록 한다. deMatte Pro Studio는 APPLE의 Final

Cut Pro와 Motion에서 사용할 수 있다.

프리프로세스 효과의 애니메이션 프리셋 저장하기

ADOBE의 After Effects에서 키 작업을 많이 해야 한다면 지금까지 설명했던 과정을 자동으로 처리하는 애니메이션 프리셋을 설정해 두는 것이 좋다. Remove Grain 효과를 비롯하여 YUV, Blur Edges, RGB로 전환하기, Smooth Screen 효과를 포함하도록 한다. 이런 기능들은 매우 간단하게 설정할 수 있고 작업의 속도를 높을 수 있다. 이 기능들을 영상에 적용한 후에 효과의 정도를 조절하기만 하면 된다. 이 방법은 같은 조명과 카메라로 촬영한 장면들에 적용할 때 가장 좋지만 언제든지 수정이 가능하다.

1. Effect Controls 창에서 적용했던 프리프로세스 효과를 모두 선택한다. 프리셋을 저장하기 위해 설정한 키 프레임을 모두 제거한다.
2. Animation > Save Animation Pre-set을 선택한다. 대화 창에서 프리셋의 제목을 저장하면 .ffx 확장자를 갖게 된다.
3. 프리셋을 적용하려면 새로운 그린스크린 장면을 불러온 후에 Animation > Apply Animation Pre-sest에서 저장된 프리셋을 찾아 Open을 클릭한다.
4. 장면에 맞춰 설정을 조정한다.
5. 주의 : 저장된 프리셋에 키 프레임이 들어 있는 경우, 영상 프레임에 프리셋을 지정할 때 그 키 프레임이 적용된다.

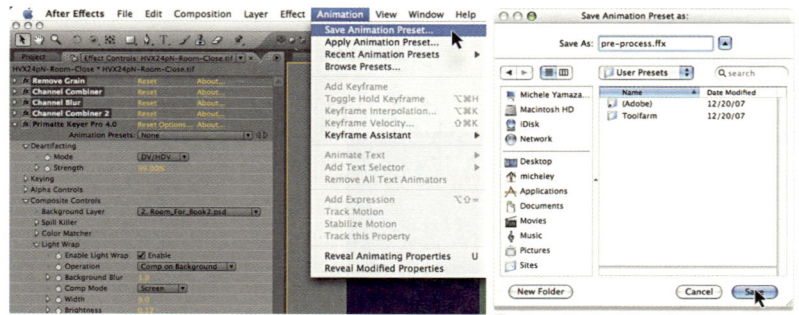

동일한 조명과 카메라로 여러 장면을 촬영했을 경우에 프리프로세스 효과와 설정을 After Effects 프리셋으로 저장하면 시간을 절약하고 수고를 덜 수 있다.

가비지 매트(또는 정크 매트)

영상이 준비되었다면 키를 추출하기 전에 마지막으로 해야 할 일은 가비지 매트를 만드는 것이다. 일반적인 키 추출 작업에서 키 프로그램을 적용하기 전에 가비지 매트를 사용한다. 전문가들은 가비지 매트 없이 키를 추출하지 않는다.

가비지 매트는 영상에서 그린스크린의 조명이 균일하지 않은 부분, 그림자, 트래킹 마크, 소품, 전선, 삭구와 같은 불필요한 부분을 제외하기 위해 전경의 피사체 주위를 대략적으로 둘러싼 모양의 마스크로서 애니메이션이 가능하다. 가비지 매트는 키 프로그램이 처리해야 할 녹색의 분량을 줄일 뿐 아니라 힘든 조율이 필요한 작업을 최소화하기 때문에 키를 추출하는 속도를 높일 수 있다.

로토스코핑을 하는 것이 아니기 때문에 피사체를 둘러싼 가비지 매트의 형태를 완벽하게 만드는 데 너무 많은 시간을 들이지 않도록 한다. 15장에서는 여러 개의 매트를 사용하여 좀 더 좋은 키를 얻을 수 있는 상급 기술에 대해 설명할 것이다.

After Effects에서 가비지 매트 만들기

다음은 ADOBE의 After Effects에서 가비지 매트를 만드는 방법이다.

1. 툴바에서 Pen을 선택한다.
2. 그린스크린이 있는 레이어를 클릭하여 점을 찍는다.
3. Pen 툴을 계속 클릭하여 전경 피사체를 둘러싼 마스크의 형태를 만든다.
4. Move 툴(툴바의 화살표 버튼)로 마스크의 점을 선택하고 이동하여 형태를 수정할 수 있다.

이분법

어떤 소프트웨어를 사용하든 간에 키 프레임들 사이의 중간 과정을 그리는 대부분의 작업을 컴퓨터가 처리하는 양분법을 사용함으로써 가비지 매트를 가장 빨리 애니메이션 할 수 있다. 배우의 동선이 걸리는 부분을 잘라 내지 않도록 주의한다. 타임라인을 따라 살펴보고 마스크를 습관적으로 여러 번 확인하는 것이 좋다. 다음은 After Effects에서 양분법으로 작업하는 과정이다.

1. 가장 복잡한 프레임에서부터 Pen 툴을 사용하여 마스크를 만들기 시작한다. 첫 번째 점을 한 번 더 클릭하여 선을 연결하면 도형의 형태가 만들어진다.

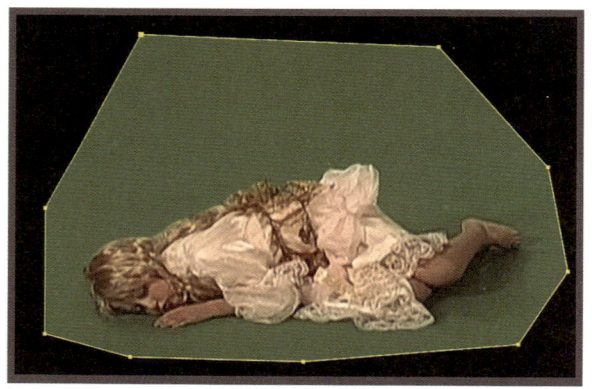

After Effects의 가비지 매트(출처 : 나츠키 카토의 〈엄지 공주〉)

2. 마스크에 키 프레임을 설정한다. M 키를 누르면 타임라인의 마스크 변수를 볼 수 있다.

3. 타임라인에서 1초 앞으로 이동하여 화면상의 변화에 맞게 마스크의 형태를 정리한다. 키 프레임은 첫 번째 키 프레임이 있기 때문에 자동적으로 생성된다.

4. 2개 키 프레임 사이의 중간 위치로 이동하여(즉, 15프레임 앞으로 이동함으로써 키 프레임 간의 간격을 이등분하여) 마스크의 형태를 정리한다.

5. 2개 키 프레임 사이에서 필요한 곳이 있는지 확인하고 점의 위치를 수정하여 매트의 형태를 정리한다. 마스크가 중요한 피사체를 가로지르지 않도록 적당한 위치로 이동한다.

▶마스크 작업 요령 2
항상 마스크에 페더feather 효과를 추가한다. 합성 시에 날카로운 윤곽선이 나타나지 않도록 해야 한다. After Effects에서 페더 효과를 추가하려면 마스크가 있는 레이어를 선택하고 F 키를 눌러 페더의 선택 사양을 확인하고 윤곽선을 부드럽고 보기 좋은 상태로 다듬는다.

Final Cut Pro에서 가비지 매트 만들기

아무래도 APPLE Final Cut Pro의 마스크 도구는 기대에 못 미치는 것 같다. 가비지 매트를 만드는 데 4개 또는 8개의 점밖에 사용할 수 없게 되어 있어서 플러그인을 사용해야 한다. Final Cut Pro의 마스크 도구는 매우 제한적이고 사용하기에 불편할뿐더러 키 프레임을 만들거나 점을 추가하는 것도 오래 걸리기 때문에 군이 사용할 필요가 없을 듯하다. 또한 분리되어 있는 알파 채널을 사용하는 데에도 일관성이 떨어진다. (이와 같은 문제는 ADOBE의 Premiere에서도 마찬가지이기 때문에 대다수가 가비지 매트를 만드는 데 더 좋은 기능을 제공하는 After Effects나 Motion을 사용하는 것이다.)

다음은 Final Cut Pro에서 가비지 매트를 만드는 방법이다.

Final Cut Pro에서 가비지 매트를 만들려면 Filters 창을 열어서 십자 형태의 아이콘을 선택한다. Viewer 창을 열고 점의 위치를 설정한다. (출처 : 더글러스 톨츠먼, OAK STREET SOFTWARE)

1. 4개 또는 8개의 가비지 매트를 만드는 기능은 Effects > Video Filters > Matte > Four/Eight-Point Garbage Matte에 있다.

2. Effects 창에서 십자 형태의 아이콘을 선택하여 화면상의 필요한 위치로 드래그 한다.

3. Image and Overlay를 켜고 Canvas 창에서 확인한다.

4. 화면의 크기를 넓게 키우면 모든 점을 확실히 볼 수 있을 뿐 아니라 줌인을 할 때에도 자세하게 확인할 수 있다.

5. 필요하면 키 프레임을 설정한다.

6. 작업이 끝나면 View 모드를 Final로 설정한다.

Final Cut Pro에서 가비지 매트를 만들 수 있는 플러그인

Final Cut Pro에서 추가의 점이 필요하면 다음과 같은 방법을 사용해야 한다. 한 가지는 매트를 겹치는 방법으로 키 프레임을 설정할 때에는 매우 복잡해진다. 반드시 Final Cut Pro를 사용하여 키를 추출해야한다면 CHV Bezier Garbage Matte Pro(49달러)라는 타사의 필터를 사용하여 2~40개의 점을 설정할 수 있다. 이 도구는 Final Cut Pro에서 패스를 설정하기 위한 도구이지만 이외에도 매트의 블러 처리, 회전, 크기조절, 형태 변형 등 다양한 용도로 사용이 가능하다. CHV Bezier Garbage Matte Pro는 FxScript로서 Final Cut Express에서도 사용할 수있다. 그 밖에도 Final Cut Pro에서 가비지 매트를 만들 수 있는 무료 프로그램으로 Paul Crisp FCP Garbage Mattes가 있다.

Final Cut Pro에서 가비지 매트를 만들어야 한다면 Motion에서 그린 가비지 마스크를 Motion 파일로 저장하여 Final Cut Pro에 불러오는 방법도 있다. 모든 마스크를 손상 없이 옮길 수 있다.

Motion에서 가비지 매트 만들기

Final Cut Pro는 마스크를 만드는 데 적합한 프로그램이 아니지만 Motion은 그린스크린 영상 작업에 탁월한 프로그램이라고 할 수 있다. Motion에서는 마스크를 수월하게 다룰 수 있을 뿐 아니라 FxPlug 키 프로그램을 사용하면 렌더링을 하지 않은 상태에서도 Motion과 Final Cut Pro를 오갈 수 있다. Motion에서는 실시간 프리뷰가 가능하며 편리한 인터페이스를 제공한다.

1. 그린스크린 영상을 캔버스에 불러온다.

2. 그린스크린 레이어를 선택한다.

3. 상단의 툴바에 있는 2개의 마스크 아이콘을 클릭하면 풀다운 메뉴를 볼 수 있다. 좌측에는 사각형, 타원, Freeform 벡터 마스크 제작 도구가 있다. Freeform 도구를 사용하면 Wacom 태블릿에서 손으로 쉽게 정교한 마스크를 그릴 수 있다. 두 번째 아이콘에는 베지어 펜 툴이 있다.

4. 펜으로 화면을 클릭하여 가비지 매트를 그린다. 패스를 도형의 형태로 연결하고, Inspector에 있는 Mask 탭을 클릭하고 Feather의 슬라이더를 조정하여 마스크에 페더 효과를 추가한다.

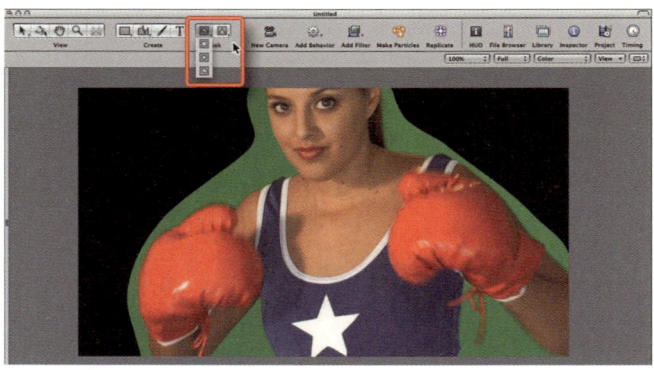

Motion의 Freeform Mask 도구는 빠른 매트 애니메이션을 제공한다. (출처 : 더글러스 톨츠먼, OAK STREET SOFTWARE)

키 프로그램에 대한 이해

아무리 훌륭한 키 프로그램을 사용하더라도 단번에 키를 완벽하게 추출할 수 있는 방법은 없다. 매트 사용의 복합적인 절차나 핵심이 되는 매트 그리고 마스크를 설정한 각 부분을 키 프로그램에서 각각 처리하는 등 여러 방법으로 프로그램을 사용할 수 있어야 한다. 이런 복잡한 방법을 적용하기 전에 일단은 키 프로그램에 대해 알아보자.

> ▶키 추출 요령 1
>
> Unit Circle Films의 대니얼 랜드Daniel Land에 의하면 이 방법은 어떤 키 추출 작업에도 적용된다. 장면 중에서 가장 까다로운 그림자나 문제가 있는 가장 다루기 어려운 프레임에서 시작한다면 나머지는 보다 수월하게 해결할 수 있다.

After Effects의 플러그인에 대한 검토

After Effects에서는 여러 개의 플러그인을 함께 사용하게 된다. 그중 몇 가지에 대해 알아보자.

기본적인 Color Key

여러 비선형 편집기와 합성 프로그램에 내장되어 있는 크로마키 도구 중에서 가장 기본적인 것이 Color Key이다. Color Key는 비선형 편집기마다 대개 유사하며 일반적인 방법으로 동일하게 작동된다. After Effects의 Color Key에서는 다음과 같은 변수를 조절할 수 있다.

- Key Color : Color Key는 제거하려고 선택한 색(Key Color)을 소거한다.
- Color Tolerance : 제거할 색의 농도를 추가하거나 뺄 수 있다.
- Edge Thin : 마스크를 한 번에 한 픽셀씩 축소하거나 확장할 수 있다.
- Edge Feather : 매트를 부드럽게 만든다.

▶키 추출 요령 2

화면에서 키를 추출한 배경을 보색으로 바꿔서 키의 윤곽선과 투명도를 확인하거나, 백그라운드 레이어와 키를 추출한 레이어의 사이에 불투명한 보색 화면을 추가하고 껐다 켰다 해서 작업 중에 키를 확인할 수도 있다.

가비지 매트를 사용하여 처리한 After Effects의 Color Key 화면(출처 : Unit Circle Productions 의 〈더티 트라우저스〉 작업 화면)

After Effects의 Color Key에는 부가적인 기능이 많지 않으며, 머리 카락이나 솜털과 같은 소재를 아주 잘 처리한다고 볼 수 없다.

Color Difference 키 프로그램

Color Difference Keyer(CDK)는 THE FOUNDRY의 Keylight가 추가 되기 전까지 After Effects에서 약간 헷갈리기는 해도 강력한 가장 좋은 키 프로그램이었다. 이 프로그램은 머리카락 처리에 효과적이며 매트 의 윤곽선에 페더 효과를 추가할 수 있다.

1. Color Difference Keyer를 적용한다(Effects > Keying > Color Difference Keyer).

2. 화면을 Matte Corrected로 설정하면 이 플러그인으로 작업하기가 수월하다.

3. 섬네일 사이에 있는 점안기eyedropper 도구나 Color Key를 사용하여 배우와 매우 가까운 위치의 녹색을 지정한다.

4. 프리뷰 화면의 하단을 보면 A와 B, 그리고 알파 채널을 표시하는 필기체 'α'가 있다. 주 매트인 A와 보조 매트인 B를 함께 사용하면 알파 매트가 된다. Partial A는 부분적으로 전경을 나타내며, Partial B는 배경 또는 그린스크린을 나타낸다.

5. 섬네일 하단에서 A라고 표기된 네모를 클릭하여 Partial A를 선택한다. (중앙에 있는) 검은색 점안기를 사용하여 섬네일에서 가장 밝은 검은 영역을 선택한다.

6. 섬네일 하단에서 B라고 표기된 네모를 클릭하여 Partial B를 선택한다. 다시 한 번 더 검은색 점안기를 사용하여 그린스크린 영역을 선택한다. 이 시점에서 배경의 대부분이 제거되어야 한다.

7. In Black과 In White의 값을 변경하여 Partial A와 B의 레벨을 조절한다. 이 작업은 Levels 효과와 비슷하게 적용된다. In Black의 블랙 값을 높이면 검은색이 강해지고 좀 더 투명해진다. 화이트는 정반대이다. In White의 화이트 값을 낮추면 흰색이 밝아지고 불투명해진다.

8. Out Black과 Out White의 값을 높여서 대비를 낮춘다.

9. 화면을 Final Output으로 설정하고 필요하다면 Matte Gamma를

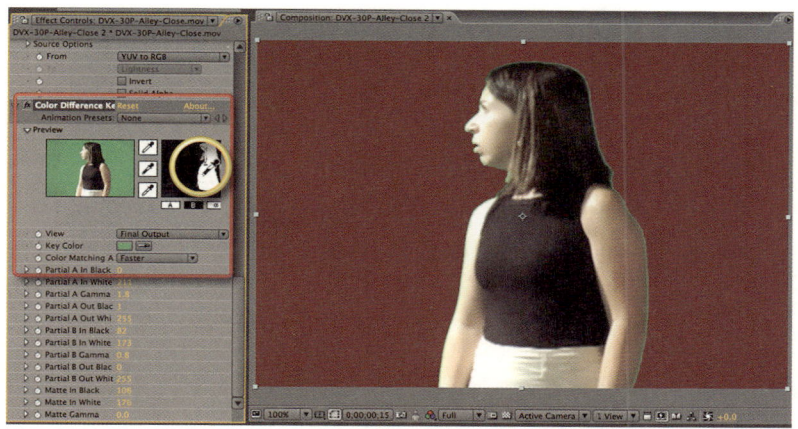

Color Difference Keyer는 직관적인 인터페이스를 제공하지는 못하지만 머리카락이나 불규칙한 윤곽선에 효과적이다.

조절한다. Matte Gamma 값의 변화는 중간 톤에만 적용된다.

10. 대개의 경우, 피사체의 윤곽선을 따라 녹색이 남아 있을 가능성이 높다. Spill Suppressor를 사용하여 녹색 윤곽선을 수정하면 색이 묻어 있는 부분을 대부분 처리할 수 있다(Effect > Keying > Spill Suppressor).

Luma Key

Luma Key는 흰색을 배경으로 촬영한 전경의 피사체에 흰색이 거의 없는 경우에 가장 효과적이다. 경우에 따라 흰색 하늘을 제거하고 좀 더 아름다운 배경을 넣을 때 사용하면 좋다. After Effects의 Luma Key의 선택 사양은 다음과 같다.

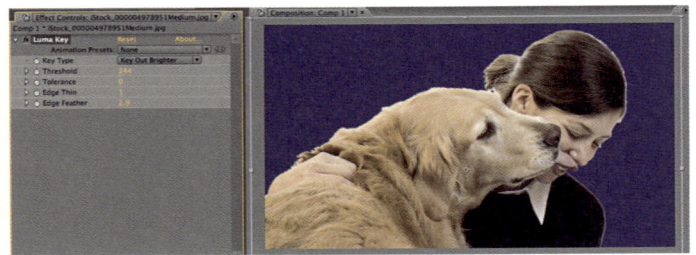

흰색을 배경으로 촬영된 피사체 주변에 Luma Key가 남긴 흰 선은 Matte Choker를 사용하여 제거한다(Effect>Matte>Matte Choker). (이미지 출처 : iStockPhoto.com)

- Key Type : Key Out Brighter, Key Out Darker, Key Out Similar, Key Out Dissimilar
- Threshold
- Tolerance
- Edge Thin
- Edge Feather

경험에 의하면 Luma Key는 정교하지 않기 때문에 사용할 일이 거의 없다. 전경의 이미지를 침범하지 않고 윤곽선을 깨끗하게 처리하기가 어렵다. 이것을 언급하는 이유는 검은색을 배경으로 한 불이나 폭파 장면의 키를 추출해야 하는 경우가 있기 때문인데, 다행히 더 나은 방법이 있다.

흰색이나 검은색을 배경으로 연기나 불을 촬영한 장면에 대해서는 18장의 '연기와 불에서 키를 추출해야 할까? 아니다!'의 내용을 참고한다.

Inner/Outer Key

마스크를 사용해야 하는 Inner/Outer Key는 다른 방법들에 비해 많은 작업을 필요로 하지만 결과는 훌륭하다. 이 방법은 머리카락이나 어떤 헝클어진 형태에도 효과가 좋다. 그린스크린을 사용하지 않는 경우나 대비가 없는 배경에서도 좋은 결과를 얻을 수 있다. 대화 도중의 머리 부분이나 나무늘보처럼 움직임이 없는 영상에서 작업하기가 수월하다.

Inner/Outer Key를 사용하는 데에는 한두 가지의 요령이 있다. 다음의 기본적인 내용과 요령을 참고하기 바란다.

1. After Effects에서 영상 파일을 열고 전경 피사체의 윤곽선 밖에 Outer 마스크를 그린다. 가깝게 그려야 하지만 윤곽선과 겹치지 않아야 한다. (로토스코핑을 하는 것이 아니다.) 윤곽선이 끊어지지 않게 연결한다. 그리고 Mask 모드를 None으로 설정하여 작업을 볼 수 있게 한다.

2. Outer 마스크의 제목을 입력하기 위해 작업 레이어를 선택하고 M 키를 눌러서 타임라인의 Mask 변수를 불러온다. 마스크를 선택하고 Return(Enter) 키를 누르면 마스크의 이름을 입력할 수 있다. 'Outer'라고 입력하고 Return(Enter) 키를 누른다. 이름을 'Outer'로 하는 이유는 Inner/Outer Key가 그 이름을 가진 마스크를 찾아서 플러그인의 작업 영역에 자동적으로 할당하기 때문이다.

3. 전경 피사체의 윤곽선 바로 안쪽에 Inner 마스크를 그린다. 'Inner'라는 이름을 입력한다.

Inner/Outer Key는 머리카락이나 털을 효과적으로 처리한다. (이미지 출처 : iStockPhoto.com)

4. Outer 마스크를 복사하여 점들을 선택하고 윤곽선 안쪽으로 크기를 줄여 Inner 마스크를 만들면 작업이 수월할 뿐 아니라 작업 시간의 75%는 절약할 수 있을 것이다. 물론 피사체의 형태가 길고 움직임이 복잡하여 키 프레임의 수가 많다면 훨씬 복잡해질 수 있다.

5. 여러 개의 마스크를 만들어야 할 때에는 색상을 변경하여 구분하기 쉽게 한다(15장의 'After Effects에서 자동으로 마스크 색상 할

당하기'를 참고한다). 팔꿈치를 구부렸을 때와 같이 피사체에서 분리해야 할 부분이 있다면 Inner나 Outer 마스크 이외에도 더 많은 마스크가 필요할 것이다.

6. Inner/Outer Key를 적용한다(Effects > Keying > Inner/Outer Key). 마스크의 이름을 'Inner'와 'Outer'라고 입력했다면 효과에서 올바른 마스크가 자동적으로 적용된다. 효과를 적용했는데도 변화가 없다면 Inner와 Outer의 풀다운 설정을 바꾼다. 정상적으로 처리되었다면 배경이 즉각적으로 제거되어야 한다.

7. 필요하다면 Additional Foreground와 Additional Background 마스크를 추가적으로 그린다. 사례를 보면 몸체와 팔 사이에 빈 공간이 있다. Effect Controls 창의 풀다운 메뉴에서 Additional Foreground와 Additional Background 마스크를 선택한다.

8. 필요하다면 Clean Up Foreground와 Background 마스크를 설정한다. 일반적인 방법으로 동일하게 적용된다. 필요하다면 Edge Thin, Feather, Threshold를 수정한다.

타사 플러그인에 대한 검토

저예산 영화 제작자나 취미로 작업을 하는 사람들의 경우에는 플러그인을 구입하지 않으려는 경향이 있다. ADOBE의 After Effects 제품 상자에 포함되어 있지 않은 것이라면 구입할 필요가 없다고 생각하기 때문이다. 유감스럽지만 다시 한 번 생각해 보기 바란다. After Effects 의 모든 도구가 작업을 완벽하게 처리하는 것은 아니다. 어떤 것은 기능이나 정교함이 부족하기 때문에 타사의 플러그인으로 작업을 하게 된다. 시간이 돈으로 환산되는 상황에서 플러그인에 좀 더 투자한다면 훨씬 쉽고 좋은 결과를 얻을 수 있으며, 작업 시간을 많이 단축할 수 있을 뿐 아니라 스트레스를 받지 않고 일을 처리할 수 있다. 남는 시간에 인생을 즐기는 편이 낫다고 생각한다.

이전의 플러그인은 하나 혹은 운이 좋다면 2개 정도의 프로그램에서만 사용할 수 있었다. 여러 개의 호스트 프로그램에서 사용이 가능한 플러그인에는 프로그램의 개수만큼 비용을 지불해야 했다. 특히 APPLE

이 인텔 프로세서와 FxPlug를 사용하는 쪽으로 방향을 바꾼 이후에는 많은 플러그인이 다양하고 많은 프로그램에서 사용이 가능하도록 발전했다. APPLE이 Final Cut Pro와 Motion에서 플러그인을 같이 사용할 수 있도록 개발한 FxPlug는 GPU 가속의 지원을 받는다. After Effects에서만 사용할 수 있었던 여러 플러그인도 이제는 Premiere Pro, Final Cut Pro, Motion, Avid에서 모두 사용이 가능하다.

다음에 다룰 플러그인 중 대부분은 다수의 프로그램에서 사용이 가능하다.

- THE FOUNDRY의 Keylight
- RED GIANT의 Primatte Keyer Pro
- OAK STREET SOFTWARE의 VKey2
- DIGITAL FILM TOOLS의 zMatte

THE FOUNDRY의 Keylight

많은 시각효과 전문가들이 선호하는 THE FOUNDRY의 Keylight는 사용하기 쉬운 첨단의 강력한 키 추출 도구이다. 여러 버전의 After Effects에 포함되어 있던 Keylight는 APPLE의 Final Cut Pro, Shake, Avid, AUTODESK의 Combustion, 그 외의 AUTODESK 제품에서도 사용할 수 있다. 노드락node-locked 라이선스는 420달러이며 플로팅floating 라이선스는 630달러이다.

Keylight는 자동적인 스필 억제 기능을 비롯하여, 다른 키 추출 프로그램에서는 볼 수 없는 훌륭한 기능을 많이 갖고 있다. 다음은 기본적인 사용법이다.

1. 영상에서 Keylight를 실행한다. Effects > Keying > Keylight를 실행하거나 Effects & Pre-sets 팔레트에서 Keylight를 영상 위로 드래그 한다.

2. 점안기를 사용하여 Screen Colour(THE FOUNDRY는 영국 회사이므로 Colour로 표기되어 있다)를 설정한다. Screen Colour는 작업 중인 그린스크린이나 블루스크린의 색상이다. 배경에서 평균적인 색상을 선택한다. 벌써 효과가 나타난다.

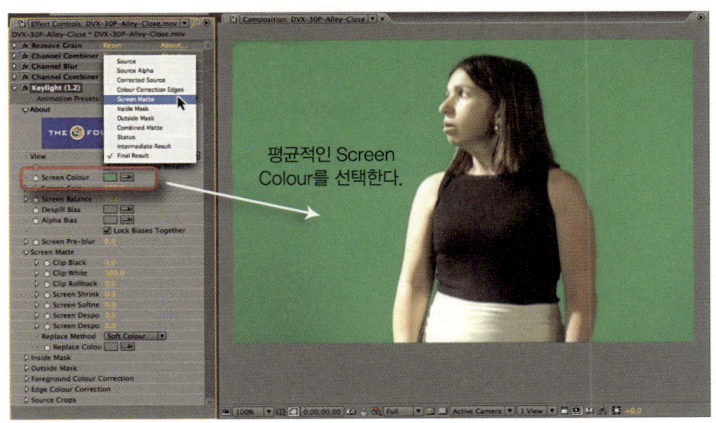

3. 화면을 Status로 설정하여 키로 추출되는 부분과 전경에 보존할 부분을 확인한다. Status는 알파 매트를 과장하여 문제가 있는 부분을 찾을 수 있도록 하지만 최종적인 알파 채널은 아니다. 매트의 흰 부분은 불투명하고 검은 부분은 전반적으로 투명하다. 회

색 영역이 제거해야 하는 부분이다.

4. Effect Controls 창에서 Screen Matte를 열고 블랙과 화이트의 레벨을 수정하여 회색 부분을 거의 다 제거한다. 윤곽선 둘레에 남아 있는 회색은 문제가 되지 않는다. 이 부분은 Levels를 조절할 때와 마찬가지로 처리한다. 블랙 레벨을 높이면 매트가 더 투명해지고 화이트 레벨을 낮추면 더 불투명해진다.

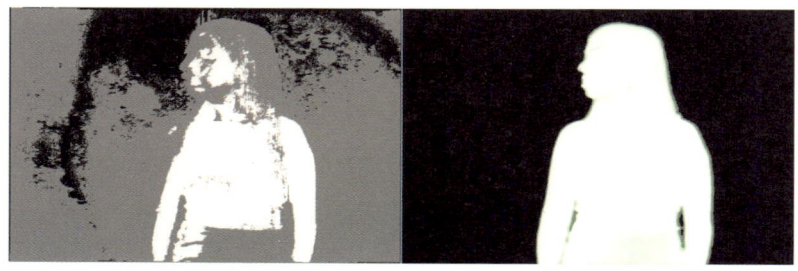

Keylight의 Status는 매트에서 제거해야 할 부분을 보여 준다. 왼쪽은 원본 이미지, 오른쪽은 수정된 이미지이다.

5. 화면을 실제의 알파 매트인 Screen Matte로 설정한다. Screen Pre-blur를 조절하여 키를 추출하기 전의 매트에 블러 효과를 주어 윤곽선을 부드럽게 만든다. 이로써 DV 영상에서의 윤곽선을 몰라보게 개선할 수 있다.

6. 화면을 Final Result로 다시 설정하여 프리뷰를 하고 영상의 윤곽선 주변에 띠가 있다면 Matte Shrink를 조절하여 제거한다. 마이너스 수치를 입력하여 매트의 크기를 키울 수 있다.

7. 배경 화면을 불러와서 원하는 위치에 모두 배치한다.

Keylight에서 키를 추출한 다음에 3D 화면을 배경으로 합성한 영상(3D 영상 : 폴 우드)

8. Keylight의 훌륭한 기능 중 하나는 Replace Colour를 사용하여 윤곽선에 색상을 부여할 수 있다는 것이다. Replace 기능을 Hard Colour로 설정하고 배경에 흡수될 수 있는 색상을 사용하면 좋은 결과를 얻을 수 있다. 영상에 가장 적합한 설정이 무엇인지 실험을 통해 알아내도록 한다.

9. Foreground Colour Correction과 Edge Colour Correction 도구를 시험해 본다. 필자의 경우에는 색 보정을 전제로 한 대담한 기능을 선호하는 편이다. 이 내용은 15장의 '색 보정'에서 다룰 것이다.

RED GIANT의 Primatte Keyer Pro

전문가들이 선호하여 오랫동안 사용해 온 RED GIANT SOFTWARE

의 Primatte Keyer Pro는 After Effects, Final Cut Pro, Motion, Avid Xpress Pro에서 사용할 수 있으며, 가격은 499달러이다. 이 프로그램은 속도가 매우 빠르고 일단 사용법을 익히고 나면 쉽게 사용할 수 있다. 그리고 Light Wrap과 같이 훌륭한 기능을 사용하여 합성을 조정할 수 있으며, Color Match는 영상을 배경과 합성하는 데 정말 도움이 된다. 물론 시중에서 가장 자유롭게 조절이 가능한 도구라고 볼 수는 없지만 다음의 사용 방법을 보면 도움이 될 것이다.

After Effects에서 Primatte Keyer Pro를 사용하는 방법에 대해 알아볼 것인데 다른 프로그램에서의 사용법도 이와 매우 유사하다. Primatte Keyer Pro에 대해 좀 더 알고 싶다면 Toolfarm.com에 있는 데모를 무료로 이용할 수 있다.

그리고 RED GIANT의 플러그인은 하나의 라이선스만 구입해도 같은 컴퓨터에 설치되어 있는 모든 프로그램에서 사용이 가능하다. 즉, 하나의 라이선스로 ADOBE의 After Effects와 APPLE의 Final Cut Pro에서 사용할 수 있다.

1. 영상에서 Primatte Keyer Pro를 실행한다. Effects > Primatte > Primatte Keyer Pro를 실행한다.
2. Effect Controls 팔레트의 Deartifacting에서 모드를 선택한다. DV/HDV, HDCAM, Other 중에서 선택한다. 가장 보기 좋은 상태로 조정한다.
3. Selection > Select에서 Select BG를 선택하면 테두리가 빨간색으로 표시된다. Composition 창에서 그린스크린이 있는 부분을 마

배경 화면을 드래그 하여
배경의 색을 선택한다.

Primatte Keyer Pro에서 그린스크린 선택하기.
배경 색상의 샘플을 선택한다. 영상에 가비지 매트를 적용하지 않았지만 여기서는 보통 그렇게
하는 것이 좋다.

우스로 드래그 하여 배경의 샘플을 선택한다. (처음에는 이해가
되지 않을 수도 있다.) Final Cut Pro에서는 Filter Controls 창에서
샘플을 선택한다. 전경의 피사체로부터 몇 가닥의 머리카락도 선
택되지 않도록 한다. 이 시점에서 배경이 사라지고 대략적인 키
를 확인할 수 있다.

4. Keying > View에서 View를 Matte로 설정하여 흑백 매트를 확인
한다.

5. Sampling 방법을 Point로 설정하고 Clean BG를 선택한다. 배경
에서 순수한 검은색이 있는 곳을 제외하고 투명하게 만들려는 부
분에 마우스를 드래그 한다. 샘플은 작게 선택한다. 샘플을 여러
차례 선택한 후에야 배경을 투명하게 제거할 수 있을 것이다.

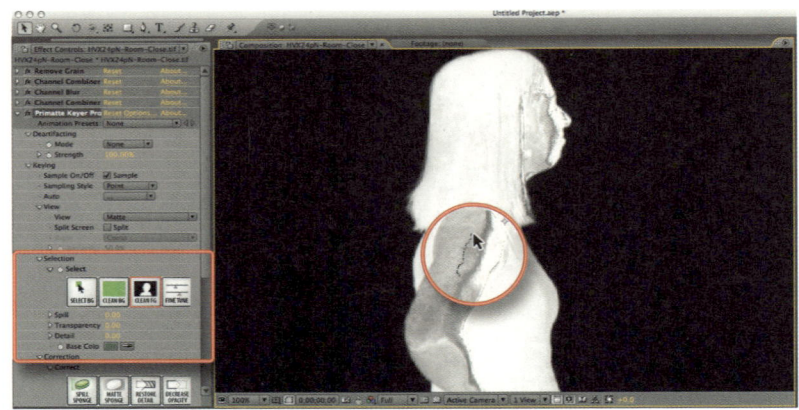

Primatte Keyer Pro에서 매트를 깨끗하게 정리한다.

6. Clean FG를 선택하고 매트의 안쪽에서 완벽하게 흰색인 부분을 제외하고 불투명하게 만들려는 부분에 마우스를 드래그 한다. 투명한 부분을 침범하지 않도록 주의한다. 깨끗해질 때까지 샘플링을 계속한다. 윤곽선에 대해서는 곧 다루게 될 것이므로 여기서는 지나치게 신경을 쓸 필요가 없다. 줌인을 하면 정확한 부분을 찾는 데 도움이 된다.

7. 매트의 윤곽선이 여전히 지저분하다면 Alpha Controls > Gamma에 있는 히스토그램을 조정한다. Levels와 같은 방법으로 사용한다. 검은 화살표를 드래그 하면 검은색이 없어지기 시작한다. 흰색 화살표를 좌측으로 이동하면 하이라이트가 높아진다.

8. 알파 채널에 제거해야 할 구멍이나 점이 있다면 Alpha Cleaner의 설정을 조정한다.

9. View를 Comp로 전환한다.

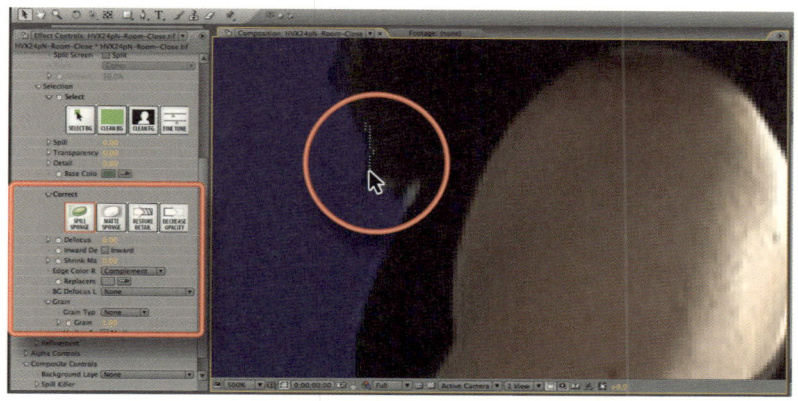

Primatte Keyer Pro에서는 미세한 부분도 수정할 수 있다.

10. 이 시점에서 어느 정도의 스필을 정리해야 할 필요가 있다. Effect Controls 창에서 Spill Sponge 아이콘을 선택한다. 녹색의 스필이 있는 부분에서 마우스를 드래그 한다. 여기서도 마찬가지로 여러 번에 걸쳐 수정을 해야 한다. 스필이 지나치게 제거되었다면 스필 제거를 취소하고 좀 더 작은 크기의 샘플을 선택한다.

11. 세부적인 수정을 할 차례이다. 압축한 스필을 완화해야 하거나 틴트를 조절해야 할 때에는 Fine Tune 도구에 있는 Select를 선택한다. 슬라이더를 이동하여 스필, 투명도, 세부에 대해 조정을 한다.

12. 나머지 스필을 처리하려면 Composite Controls의 Spill Killer를 사용한다. 우선 Composite Controls에서 Background Layer를 선택한다. 그리고 Enable Spill Killer 옆의 박스를 클릭한다. 여기서는 Color 모드를 Green으로 선택한다. 녹색 스필이 제거될

때까지 Range, Tolerance, Strength를 조정한다.

13. 윤곽선이 날카롭고 계단 패턴을 보인다면 Correction > Correct > Defocus Matte에서 조정하여 매트를 부드럽게 만들 수 있다.

14. Primatte Keyer Pro에는 이미지의 윤곽선을 배경의 색상과 비슷하게 바꿔 주는 상당히 좋은 기능이 있다. Primatte는 배경 레이어의 색조 범위에서 샘플을 채취하여 전경 이미지의 필요에 따라 수정하는 기능으로 확실한 변화를 통해 실제와 같은 합성을 할 수 있게 한다. Primatte Keyer 화면의 하단에서 Composite Controls > Color Matcher를 선택한다. Enable Color Matcher 옆의 박스를 클릭하고 Strength를 조정한다.

15. 완벽하게 일치시키려면 Highlights, Midtones, Shadows의 설정을 각각 수정한다. 작업 중 영상에 변화가 있을 수 있으므로 모든 설정에 대해서는 키 프레임을 지정해 둘 수 있다. 줌인을 하면 윤곽선을 확대하여 세부적인 수정을 할 수 있다.

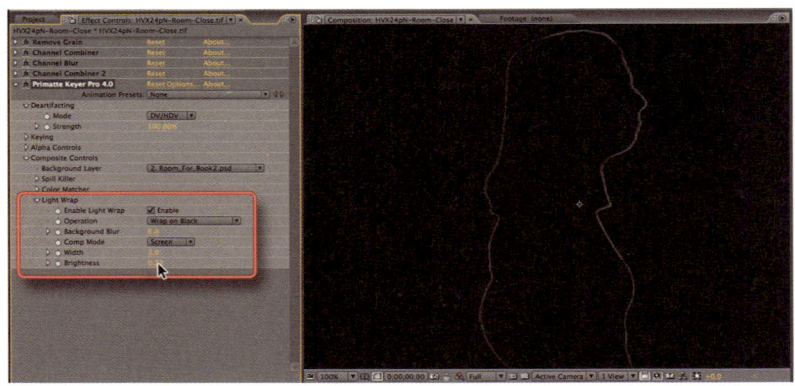

Black으로 설정하고 Light Wrap을 사용할 때 나타나는 라이트 랩의 밝은 부분

16. 마지막으로 라이트 랩을 추가한다. 라이트 랩은 역광 조명의 일부를 포함하기 때문에 합성이 훨씬 자연스러워 보인다. Primatte Keyer의 Light Wrap에서 확인 창을 클릭하여 활성화한다.

Primatte Keyer Pro의 자료 화면에서는 키에 1차 패스만을 적용했지만, 어떤 키 프로그램을 사용하더라도 질감이 다른 부분마다 각각 분리하고 키를 추출해야 할 것이다. 이 방법에 대해서는 15장에서 자세하게 설명한다.

OAK STREET SOFTWARE의 VKey2

FxPlug 벡터 키 프로그램인 VKey2는 비교적 최근 제품이다. APPLE의 Final Cut Pro, Final Cut Express, ADOBE의 Premiere를 비롯하여 QuickTime 효과가 가능한 모든 프로그램에서 사용이 가능하다. 출시 초기의 FxPlug는 Final Cut Pro와 Motion에서 GPU 가속을 지원했으며, 4:1:1 비디오 포맷에 최적화되어 있다.

VKey2는 벡터 키 프로그램으로서 기존 크로마키 프로그램들과 달리 색의 각도를 지정하기 때문에 그림자나 빛의 변화에 영향을 받지 않는다. 이 프로그램이 만드는 그러데이션 키는 일반적인 키 프로그램이 확보하지 못하는 미세한 디테일을 보존할 수 있다. VKey2는 59.99달러로 매우 저렴하다.

Final Cut Pro에 비해 마스킹 기능이 탁월한 Motion에서 플러그인을 사용하는 방법에 대해 알아보자. 물론 Final Cut Pro에서도 동일한 방법으로 사용한다.

1. 비선형 편집기에서 작업할 그린스크린 영상을 선택한다.

2. 가비지 매트를 만들고 필요한 준비 작업을 해 둔다.

3. 영상에서 VKey2를 실행한다.

4. ApplyKey가 선택되었는지 확인한다.

5. 영상에 맞게 ChromaStructure를 설정한다. 예를 들어, 미니 DV를 사용하여 촬영했다면 NTSC에서의 크로마 스트럭처는 4:1:1이며 PAL에서는 4:2:0이 될 것이다.

6. AutoAngle 버튼을 눌러 활성화하면 VKey2는 비디오의 프레임에서 샘플을 채취하고 색의 값에 따라 히스토그램을 생성하며, 자동으로 색의 최적 각도와 최대 휘도를 설정한다. AutoAngle을 사용하려면 타임라인에서 가능한 한 배경이 많이 보이는 프레임이나 피사체가 없는 깨끗한 배경의 프레임으로 이동한다. AutoAngle 버튼을 눌러 분석을 시작한다. Motion에서는 재생 버튼을 움직여서 수동적으로 작동시켜야 할 것이다. 자동적으로 각 조종 기능이 업데이트되고 각도가 계산된 다음에 AutoAngle 버튼은 스스로 해제된다. 키의 색상은 맞게 설정되어야 하지만 잘못 선택되었다고 해도 배경이 더 많이 보이는 다른 프레임으로 이동하여 같은 과정을 반복하면 된다.

7. AutoAngle을 사용하여 문제가 없었다면 13번으로 이동한다. 그렇지 않다면 KeyRange를 낮게 설정하여(1~5단계) 색의 각도를 먼저 조정해야 한다. 이후로도 좀 더 조정할 필요가 있을 것이다.

8. KeyMinLumin을 매우 낮은 값으로 설정하고 KeyMaxLumin을 매우 높은 값으로 설정하여 키를 침범하지 않도록 한다. 이 기능 또

한 나중에 좀 더 조정하게 될 것이다.

9. 그린스크린을 사용하지 않을 경우에는 GreenSuppress를 최젓값인 −25로 설정한다.

10. Output Opts의 풀다운 메뉴에서 Alpha > Grayscale를 선택하고 흑백 매트를 확인한다.

11. 배경 색상을 선택하는 곳에서 Red, Green, Blue 중 배경에 맞는 색을 고른다.

12. ColorTuning과 KeyRange의 슬라이더를 조정하여 매트가 피사체에 깨끗하게 일치되도록 한다. 다른 키 플러그인에서와 마찬가지로 블랙은 투명에, 화이트는 불투명에 해당된다. 매트에 약간의 회색을 남겨 두어 섬세한 디테일이 제거되지 않도록 한다.

13. KeyFeathering 슬라이더를 사용하여 윤곽선의 페더를 조절한다. 작은 값을 설정하면 윤곽선이 선명해진다.

14. 매트에 구멍이 생기면 KeyMinLumin과 KeyMaxLumin의 슬라이더를 사용하여 배경의 휘도 범위를 지정한다. OAK STREET SOFTWARE의 대표인 더글러스 톨츠먼Douglas Toltzman은 KeyMinLumin 이하의 픽셀이나 KeyMaxLumin 이상의 픽셀에서는 키가 추출되지 않는다고 전한다. 키 프로그램의 휘도 범위를 좁힘으로써 어두운 부분이나 예를 들어 유리의 반사 부분을 보존할 수 있다.

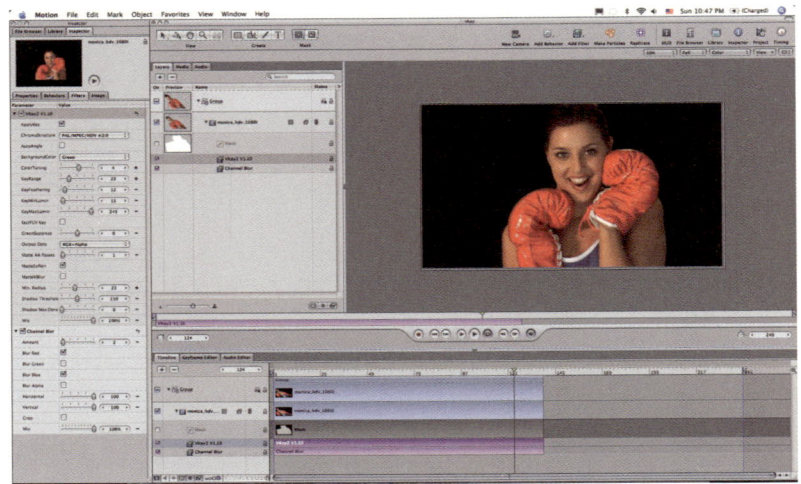

VKey2는 벡터 키 프로그램으로 FxPlug이기 때문에 Final Cut Pro와 Motion에서 모두 사용이 가능하다. 또한 QuickTime에서도 사용되며 그 밖에도 여러 프로그램에서 사용이 가능하다. (출처 : 더글러스 톨츠먼, OAK STREET SOFTWARE)

Motion에서 유용한 단축키

- Shift + A : 알파 채널 보기
- Shift + R : 레드 채널 보기
- Shift + G : 그린 채널 보기
- Shift + B : 블루 채널 보기
- Shift + C : RGB 설정하기

DIGITAL FILM TOOLS의 zMatte

마지막으로 다루는 프로그램이지만 어디서나 전문가들의 환영을 받는 DIGITAL FILM TOOLS zMatte의 가격은 395달러로, 실행하자마자 녹색을 거의 전부 포착할 수 있을 만큼 좋은 프로그램이다. ADOBE의

After Effects와 호환 프로그램이며, APPLE의 Final Cut Pro, AVID의 Editing Systems, EYEON의 Digital Fusion, AUTODESK의 Combustion, Flint, Flame, Inferno, Smoke, Fire에서 사용할 수 있다. 그리고 ADOBE 의 Photoshop과 APPLE의 Shake에서도 사용이 가능하다. 이 정도만으로도 충분할 것이다. 데모는 Toolfarm.com에서 볼 수 있다.

포스트프로덕션에 근무하던 DIGITAL FILM TOOLS의 마르코 파올리니Marco Paolini는 조건에 맞는 키 프로그램을 찾을 수 없어서 스스로 제작하게 되었다. 그의 말을 빌리자면, "영화 시각효과 작업하는 수년 동안에도 키 작업 과정은 항상 불가사의한 마술 같았다. 구할 수 있는 모든 키 프로그램이 회사에 있었지만 그린(블루)스크린 영상이 제대로 촬영된 경우에만 좋은 결과를 냈다. 하지만 제대로 된 그린(블루)스크린 영상을 일관성 있게 가져오는 촬영 감독은 별로 없다. 결함이 있는 영상을 받으면 항상 문제가 생겼는데 그런 경우가 매우 빈번했다. 모든 키 프로그램이 실패하는 데에는 시간이 별로 걸리지 않았기 때문에 로토스코핑을 하는 일이 많았다. 그래서 zMatte를 만들게 되었다. 제대로 촬영한 영상뿐 아니라 문제가 있는 그린(블루)스크린에도 사용할 수 있는 키 프로그램이 필요했기 때문에 우리의 요구를 만족시킬 수 있도록 zMatte를 만들었다. 매트를 변형하는 데 필요한 기능을 추가하고, 영상의 색을 보정하고 스필을 억제하며 흔적 없이 합성이 가능한 기능을 구현했는데, 당시에는 그와 같은 기능을 갖춘 키 프로그램이 없었다. 다른 전문가들의 사정도 마찬가지일 것이라는 생각에서 모두가 사용할 수 있도록 프로그램을 판매하기로 했다."

zMatte는 키 프로그램일 뿐 아니라 Light Wrap이나 Color Suppress

와 같은 합성 기능을 내장하고 있다. 다음은 Final Cut Pro에서 zMatte를
사용하는 방법이다.

1. Final Cut Pro에서 그린스크린 영상을 불러온다. zMatte를 실행한
   다(Effects > Video Filters > DFT zMatte > zMatte Keyer).
2. De-Artifact Enable의 On 박스를 선택한다. 바로 아래에 있는
   Horizontal과 Vertical Blur를 조정한다. Horizontal과 Vertical은
   Gang으로 연계시킬 수 있다.
3. Extract On의 풀다운 메뉴에서 Green Screen 또는 해당 메뉴를 선
   택한다. 지금쯤이면 어느 정도 괜찮은 키가 만들어졌을 수도 있
   다. 지능적인 zMatte로는 힘들게 노력하지 않아도 좋은 키를 만들
   수 있다.
4. View를 Output에서 Primary Matte로 전환한다.
5. 그린스크린 부분이 검은색으로 바뀔 때까지 Background/Position

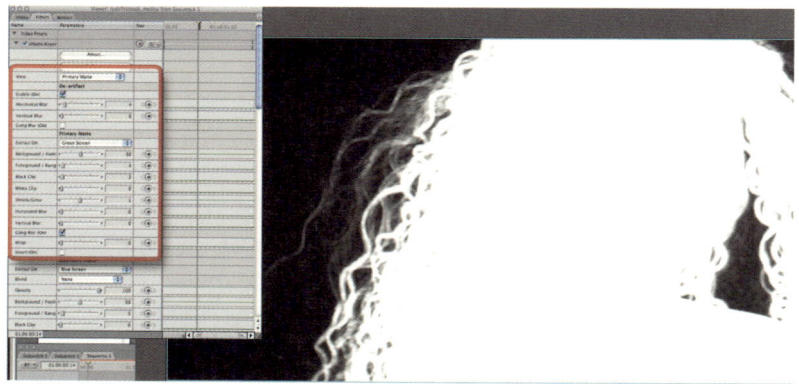

Final Cut Pro에서 zMatte의 Primary Matte 화면을 통해 보이는 기능이다.

을 조정한다. 가능하면 높게 설정하여 디테일을 보존해야 하지만 배경은 완벽한 검정이 되어야 한다.

6. Foreground/Range를 조정하여 전경이 완벽한 흰색이 되게 한다. 디테일이 제거되지 않도록 주의한다.

7. Black Clip과 White Clip을 조정하여 매트에서 회색 부분을 제거한다.

8. Shrink/Grow, Horizontal Blur, Vertical Blur도 기대하는 바와 같이 작동된다.

zMatte에서는 Secondary Matte를 선택할 수 있어서 윤곽선을 결정 짓는 데 큰 도움이 된다. 사용 방법은 zMatte의 매뉴얼을 참고한다. 또한 zMatte에는 Light Wrap, Edge, Matte Repair를 비롯하여 합성 작업을 완성하는 데 필요한 기능이 거의 다 갖춰져 있다.

zMatte에서 키를 추출한 영상(출처 : 앤지 미스트레타, 이미지 출처 : iStockPhoto.com)

키 추출 기술 완성하기

전문가들에게는 초보자의 상상을 초월하는 훌륭한 키 기술을 구사하는 도구 상자가 있는데, 이제 기본을 공부했으니 고급 기술로 들어가 보자.

아론 라비노비츠의 정크 매트

아주 잘 알려진 ADOBE의 After Effects 팟캐스트를 갖고 있는 아론 Aharon Rabinowitz를 통해 최대 근접 정크 매트Super Tight Junk Matte에 대해 알아보자. 그린스크린의 외곽은 조명이 균일하지 않은 경우가 많기 때문에 전경 피사체를 둘러싼 좁은 부분만을 분리하면 제거해야 할 픽셀이 축소될 뿐 아니라 윤곽선에 영향을 주지 않고 정확하게 키를 분리할 수 있다. 그리고 별다른 작업을 필요로 하지 않는다.

1. 그린스크린 영상에 키 프로그램을 적용한다. 완벽하게 할 필요

없이 기본적인 사양만 적용해도 좋다. 단, 전경의 피사체에 가까운 녹색을 선택한다.

2. Autotrace를 실행한다(Layer > Autotrace).

3. Autotrace 대화 창의 Preview를 선택하여 효과를 확인할 수 있게 한다. Time Span을 Work Area로 설정하고, Channel을 Alpha로 설정한다. Threshold를 입력한다. 30%로 설정하면 30%의 불투명도 부분을 검사하여 30% 이하의 불투명한 부분을 투명하게 처리한다. 윤곽선 외곽을 제거하려는 것이지만 피사체를 검사하도록 둔다. Tolerance는 낮게 유지하는데 여기서는 1로 설정한다. Minimum Area를 10으로 설정하면 5×5픽셀 미만의 부분은 무시된다. Corner Roundness의 초깃값 50은 그대로 두어서 전경 피사체 주변을 깨끗하고 정교하게 유지한다. Apply to New Layer를 선택하여 새로운 레이어에서 검사가 이루어지도록 한다. OK를 클릭한다. 검사 시간이 어느 정도 걸리겠지만 직접 손을 대는 것

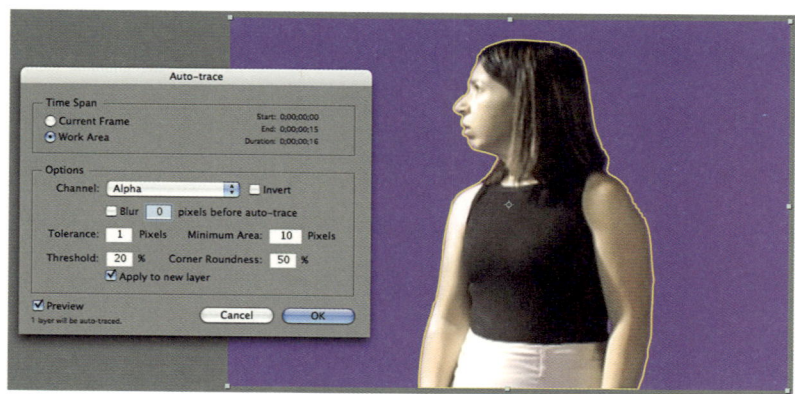

Autotrace 대화 창

보다 훨씬 빠르다. Info 팔레트에서 현재 검사 중인 프레임을 알 수 있다.

4. 영상을 보고 제대로 처리되지 않았다면 매트의 크기를 키울 필요가 있다. 사소한 스필이라도 놓치지 않도록 한다. Simple Choker에서 마이너스 값을 입력하고 매트를 키운다(Effect > Matte > Simple Choker).

5. 영상이 있는 레이어의 Track Matte를 Alpha로 설정하여 검사하는 레이어를 통해 영상을 볼 수 있도록 한다.

6. 영상이 있는 레이어에서 키 프로그램을 종료한다. 이미지 주변에 녹색 선이 가늘게 남아 있는 것을 볼 수 있다. 그 정도면 키를 추출하는 데 충분하다. 키 프로그램을 다시 실행하여 필요한 수정을 한다.

7. 여전히 제거할 부분이 남아 있어서 문제가 된다면 초크를 좀 더 확장하고 검사 중인 레이어에 약간의 블러를 넣는다. 영상이 배경에 제대로 흡수될 수 있도록 해 줄 것이다.

Autotrace가 실행된 영상

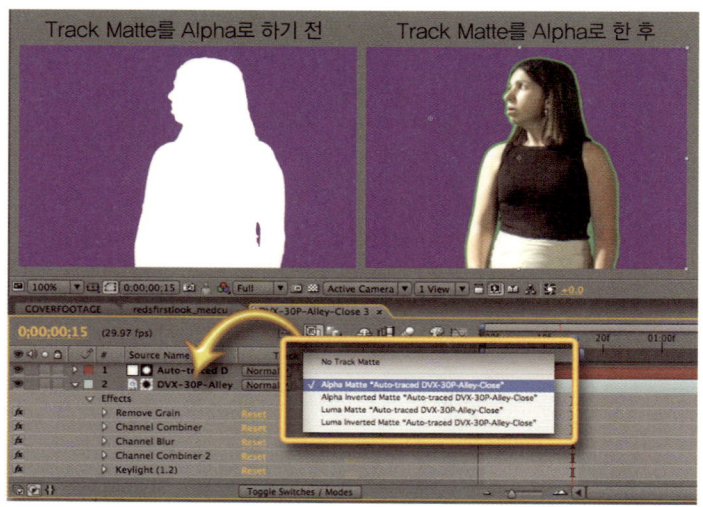

레이어의 Track Matte를 Alpha로 설정한다. Track Matte는 타임라인의 Modes 메뉴에 있다.

아론의 After Effects 팟캐스트는 creativecow.net/aepodcast에서 볼 수 있다.

다중 엣지 마스크

엔지 미스트레타는 자신의 아트아카데미 석사 학위 프로젝트에서 〈스타워즈〉를 비롯한 메이저 영화에 참여했던 강사들의 지도를 받아 완성한 주요 키잉 및 합성 기술을 소개한 바 있다. 여기서는 여러 개의 마스크를 만들어서 영상의 특정 부분을 분리하고 각각의 키를 추출한다. 윤곽선의 종류가 다양하기 때문에 여러 개의 키가 필요하다. 예를 들어, 머리카락에 어떤 유형의 키를 적용하고 의상에 다른 유형의 키를 적용하는 식이다. 또 물론 피부 색조마다 별도의 키를 적용한다.

마스크를 개별적으로 적용하는 또 다른 이유는 상이한 부분마다 스필 억제를 다르게 설정하고 마스크마다 페더 효과를 달리 설정해야 할 것이기 때문이다. 그리고 효과를 스필 억제나 매트와 마찬가지로 분리된 부분에 적용할 것이므로 하나의 레이어에서만 작업을 하는 것은 바람직하지 않다.

모든 키에 개별적으로 각각의 특정 스필 억제를 적용한 다음에는 키를 서로 겹쳐서 하나의 마스터 매트를 만든다. 합쳐진 레이어들은 하나의 개체로서 색 보정이 되어야 한다.

여기서는 ADOBE의 After Effects에서 Keylight를 사용하여 단계별로 설명을 하겠지만, 어느 정도 수준의 합성 프로그램이라면 APPLE의 Shake, Motion, THE FOUNDRY의 Nuke에서도 쉽게 작업을 할 수 있다. 'gotcha'를 사용할 경우에만 'unpremultiplied' 모드가 있는 키 프로그램이 추가적으로 필요하다. 좋은 키를 추출하기 위해서는 결과를 'unpremultiplied' 할 수 있는 기능이 반드시 필요하다.

알파 채널에는 스트레이트straight와 프리멀티플라이드premultiplied, 두 가지 종류가 있다. 스트레이트, 즉 매트가 없는 상태의 알파 채널들은 투명도에 대한 정보를 모두 갖고 있다. 프리멀티플라이드 알파 채널들은 투명도 정보를 알파에 저장할 뿐 아니라 전경에도 일부를 저장한다. 전경에 있는 윤곽선 색의 일부를 사용하여 윤곽선에 반영함으로써 윤곽선이 부드러워 보이게 한다. 이는 전경의 윤곽선이 배경과 일치하면 매우 좋지만 그렇지 않은 경우에는 윤곽선을 지저분하게 보이도록 만들어 버린다. 이때 알파 매트와 스필 억제가 합쳐진다면 마스크 윤곽선 둘레의 결과도 증폭되어 가늘고 보기 흉한 어두운 선이 남게 된다. 16

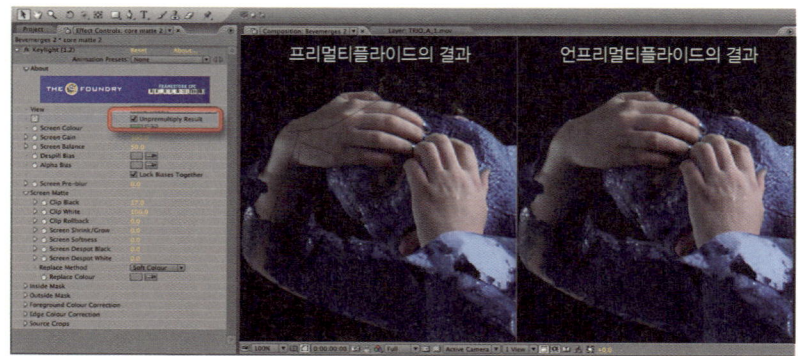

프리멀티플라이드를 한 결과, 마스크의 윤곽선 둘레에 어두운 선이 생겼다. Unpremultiplied Result의 확인 창을 클릭하여 선의 상태를 개선할 수 있다. (출처 : 엔지 미스트레타)

장의 '스필과 스필 제거하기'에서 스필 억제에 대해 더 살펴볼 것이다.

색 보정을 한 다음에도 매트가 프리멀티플라이드 상태로 있는 것은 바람직하지 않다.

After Effects에서의 다중 엣지 마스크 기술

이 기술에는 많은 시간이 소요되지만 좋은 결과를 얻을 수 있다. 여기서는 THE FOUNDRY의 Keylight를 사용했다.

1. GMatte라는 이름의 새로운 컴프에 그린스크린 영상을 드래그 한다. 영상의 가비지 매트를 생성하고 필요한 사전 준비를 마친다. 마스크에 페더를 적용한다. GMatte 컴프를 닫는다.

2. GMatte 컴프를 Project 창의 하단에 있는 Create a New Composition 버튼에 드래그 한다. GMatte 프리컴프를 레이어로서 포함하는 새

로운 컴프가 생성된다. 레이어의 이름을 'Core Matte'로, 컴프의 이름을 'Final Key'로 변경한다. 배경 레이어의 색상을 주황색과 같은 보색으로 설정하면 혹시라도 윤곽선에 감춰져서 보이지 않던 녹색의 테두리나 잔여 흔적이 남아 있는지 확인하는 데 도움이 된다.

3. Core Matte 레이어에 Keylight를 적용한다. 설정을 조정하여 키를 대충 만들고 매트에 구멍이 있는지 확인한다. 윤곽선은 나중에 조이게 될 것이므로 너무 정확하게 맞출 필요는 없다. Screen Pre-blur를 조정하여 피사체 위의 매트를 10% 정도만 조인다. 매트의 윤곽선을 보면 디테일이 지나치지 않고 부드럽게 정리되었을 것이다. 작업 중에 Core Matte를 꺼 두면 바로 작업할 레이어에 집중하고 블렌딩 확인 시에는 토글링을 할 수 있다.

4. 피사체 부분을 분리할 차례이다. GMatte 컴프를 1개 더 복사하여 Final Key 컴프에 드래그 하고 타임라인에서 Core Matte의 바로 아래에 놓는다. 영상에 적합한 이름(예를 들어 머리카락, 팔, 셔츠

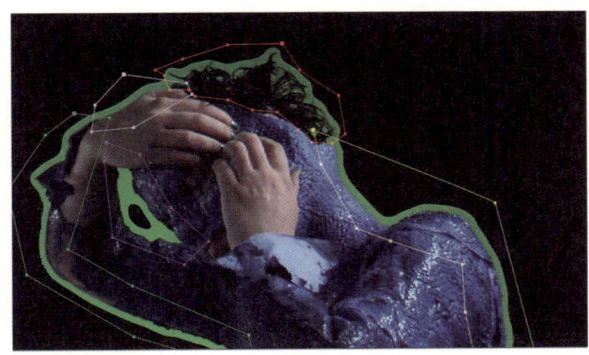

윤곽선의 질감과 색상
이 다른 부분마다 여러
개의 마스크를 그린다.

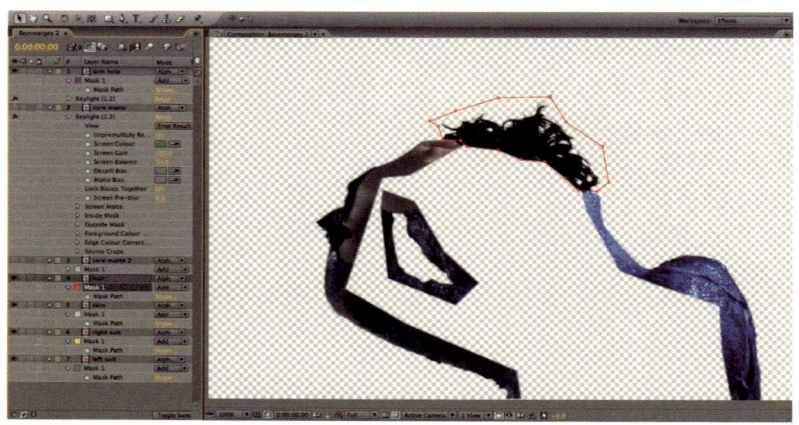

Core Matte가 없는 상태의 윤곽선에 대한 매트

등)을 레이어에 입력한다. Pen 툴을 사용하여 가비지 매트 만들기와 마찬가지의 이분법으로 이 부분을 분리한다. 다시 한 번 더 마스크에 페더 효과를 준다. 모든 윤곽선을 항상 부드럽게 유지하여 서로 블렌딩 될 수 있게 해야 한다. Keylight를 적용하면서 목표 부분에 깨끗하게 최대한 근접시킨다. 구멍이 난 곳이 있는지 꼼꼼히 확인한다. 스필이 있으면 스필 억제를 실행한다. 매트를 조여야 할 필요가 있다면 초커를 실행한다. 가능한 한 키를 완벽하게 만들어야 하지만 레이어에 색 보정은 하지 않는다. Unpremultiply Result 버튼은 활성화된 상태로 둔다. 합성에서 매트에 어떤 라인도 생기지 않도록 주의한다.

5. 배우의 각 부분에 대해 4번의 내용을 적용하고 각 부분의 필요에 따라 매트 초커와 스필 억제를 조절한다.

6. 모든 부분에 대한 작업이 완료되면 Core Matte 레이어를 켜고 모

든 레이어가 타임라인 전반에 걸쳐 겹쳐 있는지 확인한다. 구멍
이 있는지 확인하고 기준에 미달된 부분을 수정한다.

7. 새로운 컴프에 Final Key 컴프를 가져와서 합성과 색 보정을 한
   다. 그리고 여기서는 라이트 랩을 추가할 수 있다.

마스크 그리고 키를 추출하여 Alpha Add 모드로 설정된 레이어들을 합친 이미지

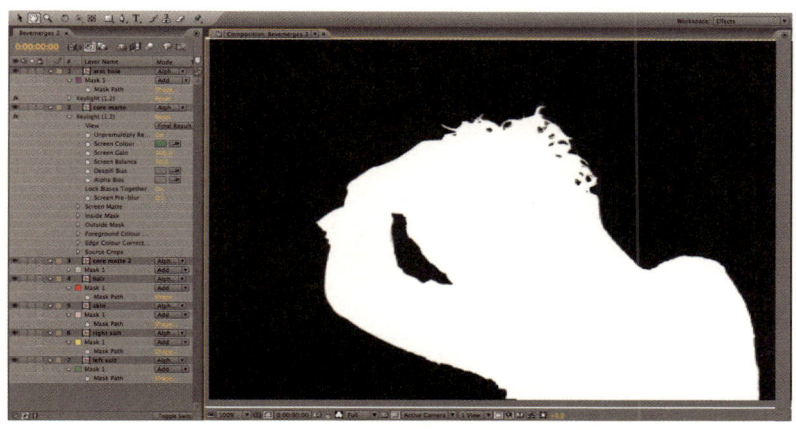

Alpha 매트 화면

▶Master Alpha Matte 만들기

Master Alpha Matte를 만들어야 한다면 Final Key Comp를 Creat a New Composition 버튼에 드래그 한다. Final Key 레이어에 Set Channels(Effect> Channel>Set Channels)를 적용한다. Red, Green, Blue 원본 레이어를 Alpha로 설정한다. 이제 전경의 이미지는 완전히 흰색이 되었을 것이다. 여러 용도로 사용할 수 있는 이 방법을 알고 있으면 매우 유용하다.

이 기술에 대한 심도 있는 내용은 Toolfarm.com에서 엔지 미스트레타의 'Professional Keying and Keylight'를 참고하기 바란다.

After Effects에서 자동으로 마스크 색상 할당하기

After Effects > Preferences > User Interface Colors에서 Cycle Mask Colors를 활성화하면 새로운 마스크를 만들 때마다 노란색으로 초기화되지 않도록 해 준다.

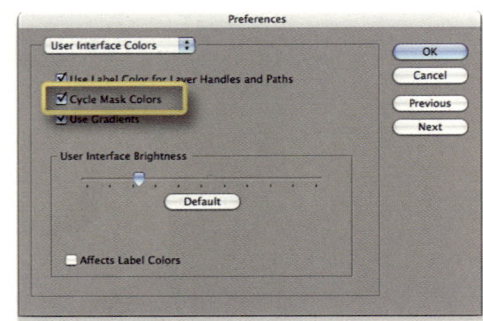

After Effects의 User Interface Preferences

색 보정

색 온도를 잘못 맞추면 합성된 영상이라는 것이 확연히 드러난다. 실외에서 촬영된 배경은 좀 더 푸른빛을 띠므로 전경의 피사체에 푸른빛이 도는 조명을 해야 한다. 실내에서는 오렌지 빛을 띤다. 그리고 피부 색조에 틴트가 있다면 그것도 제거해야 할 것이다. 어떤 색 보정 프로그램을 사용하든 간에 명도와 대비에서부터 보정을 시작하는 것이 좋다. 이미지마다 휘도를 일치시키는 것도 중요하다.

암부나 하이라이트의 색상과 레벨을 일치시키는 문제에 과학적인 원리를 모두 동원할 수도 있지만 여기서는 심도 있는 내용을 다루기보다 시각에 의존하기로 한다. Curves를 사용하면 중간 톤을 건드리지 않고 블랙이나 화이트를 조절할 수 있다. 반대의 경우도 마찬가지이다. 호스트 프로그램의 Levels, Curves, Hue/Saturation 기능을 사용하여 색조 범위와 암부를 조절한다. 결과는 자연스럽고 실제와 같아야 한다는 점을 기억한다.

Final Cut Pro에서 색 보정하기

Final Cut Pro에는 사용 방법이 매우 쉬운 3단계의 색 보정 도구가 있다. 다음은 Final Cut Pro에서 색 보정을 하는 기본적인 방법이다.

1. 타임라인에서 클립을 선택하고 Color Corrector 3-way를 적용한다(Effects > Video Filters > Color Correction > Color Corrector 3-way).
2. 타임라인의 클립을 더블 클릭하고 창을 연다.
3. 창에서 Color Corrector 3-way 탭을 클릭한다.

Final Cut Pro의 색 보정 도구는 매우 우수하다. (출처 : 더글러스 톨츠먼, OAK STREET SOFTWARE)

4. Tools > Video Scopes에는 비디오 레벨을 확인할 수 있는 파형 모니터와 벡터스코프가 있다.

5. Color Corrector 3-way에 있는 Mids의 하단에는 Auto Level, Match Hue, Saturation을 조절하는 슬라이더가 있다.

6. 틴트의 색상을 변경하려면 Match Hue의 점안기를 선택하여 화면에서 흰색이 있는 부분을 선택한다. 이렇게 함으로써 화이트 밸런스가 설정된다.

7. 컬러 휠과 슬라이더를 사용하여 원하는 대로 수정한다.

색 보정을 위한 타사 프로그램

RED GIANT의 Magic Bullet Colorista에는 색의 균형과 휘도를 쉽게 조절할 수 있는 Lift, Gamma, Gain 기능이 있으며, 가격은 199달러이다. Colorista에서 매우 정확한 결과를 얻을 수 있기 때문에 형편없이 어두운 화면을 살려 내는 데 사용하면 좋다. Colorista가 합성 작업에 강한 이유도 하이라이트와 암부의 레벨을 정확하게 설정할 수 있어서 자연

RED GIANT의 Magic Bullet Looks에는 이미 만들어진 100개의 Looks가 포함되어 있으며 모두 조정이 가능하다.

이 장면은 Day for Night Look이다. 배우에 초점을 맞추기 위해 Edge Softness를 추가했다. (출처 : 엔지 미스트레타, 3D 배경 : 폴 우드)

스러운 피부 색조를 연출할 수 있기 때문이다. Colorista는 ADOBE의 After Effects, Premiere Pro, APPLE의 Final Cut Pro, Motion, AVID의 Xpress Pro/Media Composer에서 사용할 수 있다.

RED GIANT의 Magic Bullet Looks는 필자의 비책이라고 할 수 있는 데 가격은 399달러이다. After Effects에서 Looks를 조정 레이어나 합성 된 영상의 전체 또는 렌더링이 된 상태의 영상에 적용하더라도 합성된 영상 전체에 자동적으로 색 온도의 균형을 잡아 주고 아름다운 필름 룩 을 표현한다. 따라서 비책이라고 하는 것인데 결과가 아름답기만 한 것 이 아니라 사용하기도 수월하다. 이미 화면의 키와 색 온도가 충분하다 는 생각이 들더라도 Magic Bullet Looks를 영상에 적용해 볼 만한 가치 가 있다. 분위기를 연출하거나, 필름처럼 보이도록 하거나, 데이포나이 트 장면이거나, 하이라이트를 만들 부분을 분리하는 데에도 가치를 발 휘한다. Looks는 Premiere Pro, Final Cut Pro, Motion, Xpress Pro/Media Composer에서도 사용할 수 있다.

문제 해결

키 작업에서 어떤 문제가 발생할 수 있는지 알아보자.

- 머리카락, 털과 같이 키를 추출하기 어려운 윤곽선
- 트래킹 마크 제거하기
- 스필과 스필 제거하기
- 모션 블러에서 키 추출하기

대부분의 문제는 후반 작업이나 다른 작업 단계에서 수정이 가능하지만 그렇게 쉽지는 않다. 후반 작업에서 모든 문제를 수정할 수 있는 것은 아니다. 하지만 어떤 문제에 부딪히더라도 유효성이 증명된 방법과 혁신적인 기술을 동원한다면 좀 더 깨끗한 키를 추출하고 좋은 합성 결과를 이루어 낼 수 있다.

머리카락, 털과 같이 키를 추출하기 어려운 윤곽선

대니얼 랜드에 의하면, 이와 같이 키를 추출하기 어려운 윤곽선을 위장해서 블렌딩 하는 방법이 있다. "몇 년간의 작업을 통해 알아낸 방법 중 하나는 전경 레이어에 색/값을 어느 정도까지 충분히 블렌딩 할 수 있는 1~2%의 투명도를 항상 남겨 두는 것입니다." (전경의 투명도를 98~99%로 설정하면 된다.)

매트 도구

After Effects의 Simple Choker를 사용하여 한 번에 한 픽셀씩 매트를 조일 수 있다. 프리멀티플라이드 알파 채널에서 가장자리를 깨끗하게 정리하는 데 효과적이다.

After Effects의 Matte Choker는 각진 윤곽선을 부드럽고 유연하게 만들어서 윤곽선까지 근접하고 자연스럽게 배경에 합성될 수 있도록 한다. 또한 윤곽선을 확장하여 구멍을 메울 수 있도록 하기도 한다. APPLE의 Motion에서도 Final Cut Studio에 포함되어 있는 Matte Choker 플러그인을 사용할 수 있다. 하지만 이 정도의 도구만으로 충분하지 않은 경우가 있다.

타사의 매트 도구

시간 소모가 많은 일련의 매트 작업에 도움이 되는 플러그인이 있다. ADOBE의 After Effects, APPLE의 Final Cut Pro, Motion에서 사용할 수 있는 DIGITAL FILM TOOLS의 Composite Suite에는 Composite 플러그인이 포함되어 있으며, 가격은 295달러이다. 윤곽선 블렌딩 기능이 좋아서 색 보정을 하거나 배경에 윤곽선을 블렌딩, 믹싱 하거나 그림자를 넣는 데 효과적이다. 매트는 Expand, Shrink, Blur 도구를 사용하여 수정할 수 있다.

RED GIANT에도 훌륭한 키 프로그램과 매트 도구가 있다. Key Correct Pro는 어려운 키 작업에 적합하다. Key Correct Pro Alpha Cleaner로는 입자와 노이즈를 제거할 수 있으며, 전경의 구멍을 메우고 그 밖의 어려운 매트 작업을 수행할 수 있다. Gamma Controls를 사용하여 암부의 노이즈를 낮추거나 매트의 윤곽선을 선명하게 만들 수 있다. 머리카락과 같이 가늘고 부드러운 윤곽선을 다룰 때 깨끗하게 키를 추출하는 데 매우 효과적이다. 노이즈가 제거되더라도 디테일이 제거되지는 않는다.

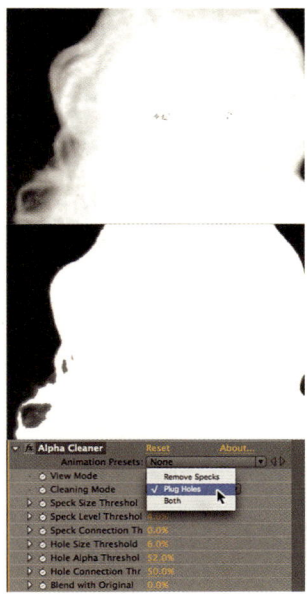

가장 위의 화면이 원본 알파 채널이다. 가운데 화면은 Key Correct Pro Alpha Cleaner로 알파를 수정한 것이다. 머리카락에서 부분적으로 투명한 부분과 눈의 점이 수정되었다.

Key Correct Pro Alpha Blur는 매트에서 두껍고 덩어리 진 윤곽선을 부드럽게 만들어 주며, Key Correct Pro Matte Feather는 알파 매트의 윤곽선을 부드럽게 만들어 준다. RED GIANT SOFTWARE의 Composite Wizard는 색 보정 효과를 자동적으로 실행하고 매트에 블러와 페더 효과를 주며 불필요한 아티팩트를 정리하며, 가격은 299달러이다. 그리고 물론 THE FOUNDRY의 Keylight가 있는데, 이 프로그램의 Matte Choker는 가장 강력하고 사용하기도 쉽다. 선택의 여지는 매우 넓은 편이다.

트래킹 마크 제거하기

트래킹 마크란 그린스크린 촬영 현장에서 카메라 이동 숏을 하는 경우, 배우들 뒷편에 디지털 상황을 정확한 위치에 연출할 수 있도록 그린스크린에 표시하는 기준점이라고 할 수 있다. 역할을 마친 트래킹 마크는 장면에서 제거해야 한다. 마스크로 제거하거나 After Effects의 알파채널에서 칠을 하여 지울 수도 있다. 짧은 장면이라면 매우 빨리 처리할 수 있는 방법이지만, 그렇지 않은 경우라면 트래킹 마크를 지우는 데 꽤 많은 시간이 소요될 것이다.

1. Workspace를 Paint로 설정한다. After Effects의 우측 상단에 있는 풀다운 메뉴에서 Paint 메뉴를 화면으로 불러온다. Paint 도구는 우측 상단에, Brush Tips는 바로 아래에 있다.
2. 전경 레이어를 더블 클릭하여 Layer 창을 불러온다. Layer 창 내에서만 그림을 그릴 수 있다.

After Effects에서는 Paint 도구로 트래킹 마크를 칠해서 제거한다.

3. 필요가 없어진 트래킹 마크는 알파 채널에서 칠할 것이므로 Paint
   창에서 Channels:Alpha를 선택한다. 배우가 트래킹 마크를 지나
   간다면 Duration을 Single Frame으로 설정한다. 고정 숏이고 배
   우가 트래킹 마크를 지나가지 않는다면 Constant로 설정한다.
4. 필요에 따라 브러시의 크기를 정한다. 제거할 트래킹 마크와 비
   슷한 크기가 적당하다.
5. Layer 창을 클릭하여 트래킹 마크를 브러시로 제거한다. Page
   Down 키를 누르면서 한 프레임씩 작업한다(역방향으로 이동하려
   면 Page Up을 누른다). Effect Controls 창에 Paint 효과가 추가된다.

   물론 이 기술은 트래킹 마크를 지우는 것 외에도 다양한 작업에 사
용할 수 있다. 영상에 Paint나 Clone 도구를 사용하면 알파에서 먼지 또
는 구멍을 없애거나 다른 많은 용도에도 활용할 수 있다.

스필과 스필 제거하기

앞서 언급한 키 프로그램 중에도 스필 억제 기능을 갖춘 것이 여러 개 있다. 스필이란 확실하게 무엇을 말할까? 이 책의 앞부분에서 다룬 내용을 구체적으로 설명하자면, 그린스크린에서 흘러나온 녹색이 배우에게 반사된 것이다. 밝은 색상의 의상이나 피부와 머리카락의 윤곽선, 그리고 빛나고 반사가 있는 물체에 나타날 수 있다. 스필은 현실감 있는 키를 추출하려면 반드시 해결해야 할 문제이다.

After Effects에서 스필 제거하기

1. 녹색이 있는 영상에 스필 억제를 적용한다(Effect > Keying > Spill Suppressor).
2. 억제할 Color를 선택한다. 윤곽선을 확대하고 점안기를 사용하여 녹색을 선택할 수 있다.
3. 억제 값을 조절한다.

After Effects에서는 Channel Mixer 효과도 사용할 수 있다(Effects > Color Correction > Channel Mixer). Red-Green과 Blue-Green을 조절하는 데 스필이 적은 경우에 가장 효과가 있다. Hue/Saturation을 사용하는 방법도 있다(Effects > Color Correction > Hue/Saturation). Channel Control에서 Greens를 선택하고 녹색의 채도를 낮춘다. 스필이 남아 있으면 녹색에 인접한 색상인 Yellows, Cyans의 Channel Range를 조절한다.

스필 억제를 위한 타사 프로그램

RED GIANT SOFTWARE의 Key Correct Pro Spill Killer는 이미지에 나타난 녹색의 스필을 제거한다. 필자의 의견으로는 After Effects의 Spill Suppressor보다 더 좋은 프로그램이다. 14장에서 다룬 바 있는 THE FOUNDRY의 Keylight, RED GIANT의 Primatte Keyer Pro, DIGITAL FILM TOOLS의 zMatte에도 스필 억제 기능이 내장되어 있다.

왼쪽 이미지에는 잘못된 스필이 있다. 오른쪽 이미지에는 RED GIANT SOFTWARE의 Key Correct Pro Spill Killer가 적용되었다. (출처 : 대니얼 랜드, Unit Circle Films)

모션 블러에서 키 추출하기

흐릿한 이미지에서 키를 추출하기는 매우 어려우며 결국 작업 과정에서 중요한 부분도 잃게 되므로 높은 셔터 속도로 촬영하여 블러가 생기지 않도록 하는 것이 최선이다. 하지만 모션 블러가 배제되면 영상이 자연스러워 보이지 않는다는 문제가 있다.

문제의 해결이 가능할까? 운이 따른다면 몰라도 해결할 방법이 전혀 없을 확률이 매우 높다. 다행히도 (블러가 생기는 부분은) 재생 속도가 매우 빠르기 때문에 관객이 알아채지 못할 수도 있다. 일단 빠르게 움직이는 대상이 있는 부분을 분리하고 채색을 해 본다. Spill Killer의 사례에 있는 것과 동일한 장면에서는 중앙의 남자가 상대방에게 신문을 건네고 있는데 그 속도가 아주 빨라서 키를 추출하는 중간에 사라져 버린다. 키를 추출하기 전에 대상을 분리하고 채색을 해서 그 부분의 문제가 해결될 수도 있다.

그 밖의 다른 가능한 방법은 키를 추출한 레이어를 복사하여 블러가 발생한 대상을 분리하는 것이다. Matte Choke로 확장하여 키 프로그램과 사전에 적용하는 Smooth Screen과 같은 효과들이 블러가 있는 부분의 윤곽선을 너무 침범하지 않게 한다. 레이어를 블렌딩 할 수 있을 때까지 복사한 부분에 Darken과 같은 블렌드 모드를 사용하며, 마스크에 페더 효과를 넣고 레이어의 불투명한 정도를 조절한다. 이렇게 한다고 해서 문제를 완전히 해결할 수 있는 것은 아니지만 어느 정도 개선할 수는 있다.

모션 블러 영상의 키를 추출하는 타사 프로그램

dvGarage의 dvMatte Pro와 같은 플러그인은 심각한 모션 블러에서 키를 추출하는 데 어느 정도 도움이 된다.

실제 같은 합성 장면

키 추출과 필요한 작업을 이해했으면 이제 숨은 요령에 대해 알아보자. 실제와 같은 합성을 이끌어 내는 열쇠는 완벽한 키를 추출하는 데 있는 것이 아니라 배경과 전경을 일치시키는 데 있다. 훌륭한 합성을 만들어 내려면 하이라이트, 빛의 각도, 반사, 화면의 좌우 전환, 라이트 랩, 입자의 일치와 같이 생각해야 할 것이 정말 많다.

입자의 일치

배경과 전경 이미지의 출처가 다른 경우에는 입자를 일치시키는 것이 매우 중요하다. 카메라나 조명이 다르거나 다른 곳에서 가져온 영상들 간에는 입자를 일치시킬 필요가 생긴다. 사진은 입자의 이동이 없으며 3D 그래픽 화면은 대체로 매우 깨끗해서 지나치게 새것처럼 보이지 않도록 약간의 입자가 필요하다. 그리고 영상에 블러 효과를 넣고 크기를 조절했다면 입자의 구조가 변경되므로 입자를 더 추가해야 할 것이다.

After Effects에서 입자 일치시키기

ADOBE의 After Effects에는 12장에서 다루었던 Remove Grain이라는 매우 좋은 필터, 그리고 그와 반대 작용을 하는 Match Grain이라는 훌륭한 도구가 있다.

1. Match Grain 필터를 입자가 적은 영상, 입자가 거의 또는 전혀 없는 3D 그래픽이나 이미지 파일에 적용한다(Effects > Noise & Grain > Match Grain).
2. Noise Source 레이어를 선택한다. 대개는 키를 추출한 레이어일 것이다.
3. Preview Region을 조정한다. Remove Grain 플러그인과 같이 작용한다.
4. 원하는 대로 강도, 크기, 그 밖의 변수들을 조절한다.

이와 비슷한 Add Grain 필터도 사용할 수 있다(Effects > Noise & Grain > Add Grain).

라이트 랩

가장 단순한 의미의 라이트 랩은 배경으로부터 반사된 빛이 전경의 윤곽선에 살짝 뿌려진 것이다. 배경 레이어의 색상과 휘도를 반사하기 때문에 좀 더 자연스러운 합성을 할 수 있다.

라이트 랩을 가장 쉽게 만드는 방법은 플러그인을 사용하는 것이다. RED GIANT의 Primatte Keyer, Key Correct Pro와 같은 여러 플러그인에는 라이트 랩 기능이 내장되어 있다. Key Correct Pro에는 라이트 랩을 위한 개별적인 도구가 있어서 배경 레이어를 선택할 수 있도록 해주고 작업을 수행한다.

플러그인 없이 작업을 하면 시간이 많이 걸리고 인내심을 요구할 뿐 아니라 망칠 위험이 있다. 다음은 맷 쉬라도Matt Schirado가 제안하는 기술로서 라이트 랩을 가장 기초 단계부터 만들 수 있다. After Effects에서 사용할 수 있도록 수정했다.

1. After Effects에서 그린스크린 영상과 배경 레이어를 새로운 합성 작업으로 불러온다. 이름을 'Light Wrap Final'이라고 입력한다.

2. 전경에 키 플러그인을 적용하여 키를 추출한다. 여러 개의 마스크를 사용하여 키를 추출한 합성을 사용해도 좋다.

3. 키를 추출한 전경을 선택한다. 2장을 더 복사하여 3개의 복사본을 만든다(Command+D/Ctrl+D).

4. 배경을 1장 더 복사하여 2개의 복사본을 만든다. 이제 Light Wrap Final 합성에 5개의 레이어가 만들어졌다.

5. 1장의 배경 레이어와 2장의 전경 레이어를 선택하고 Layer > Precompose를 실행하여 합친다.
대화 창이 나타나면 새로운 합성의 이름을 'Light Wrap'이라고 입력하고 Open New Composition을 선택한다.

Precompose를 실
행하여 1장의 배경
레이어와 2장의 전경
레이어를 합친다.

6. Light Wrap 합성에서 레이어와 모드를 설정한다.

배경 레이어 : 가장 아래에 두는 레이어이다. TrkMat을 Alpha로
설정한다. 이제 틈 사이로 배경이 보여야 하지만 위에 2장의 전경
이 있기 때문에 볼 수 없다. 위에 있는 레이어를 토글링 하여 확인
해 보아도 좋다.

중간 레이어 : 키를 추출한 레이어이다. 배경 레이어를 Alpha로
전환하면 이 레이어의 가시성이 비활성화된다. 배경 레이어는 이
레이어를 템플릿으로 사용한다. 상위 레이어를 끄면 볼 수 있다.

최상위 레이어 : 키를 추출한 레이어이며 켜 둔다. 모드를 Stencil
Alpha로 설정한다.

7. 상위 레이어인 레이어 1에 Minimax를 적용한다(Effect > Channel >

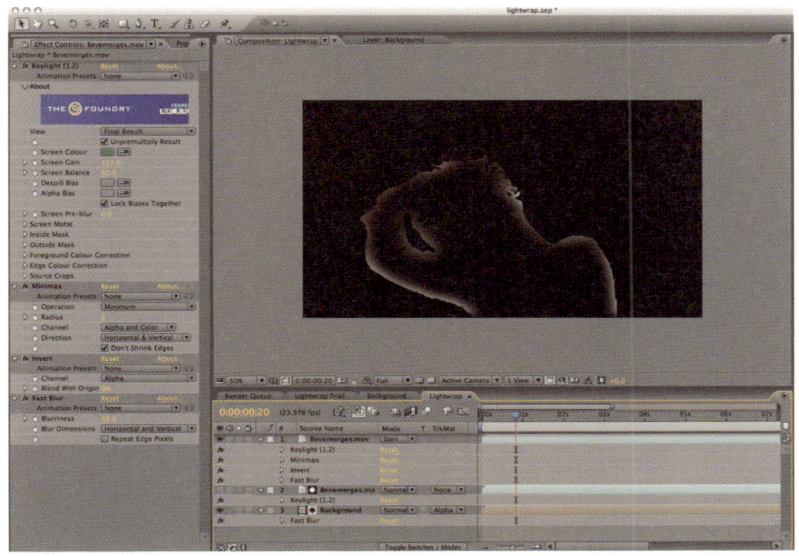

라이트 랩 작업에서 가장 중요한 것은 효과와 레이어의 순서이다. 이를 무시하면 라이트 랩 전체를 사용할 수 없게 된다. 이 화면은 올바른 설정 상태를 보여 준다.

Minimax). Operation을 Minimum으로, Radius를 2 또는 3으로, Channel을 Alpha and Color로 설정한다. 'Don't Shrink Edges'를 선택한다. 매트의 크기가 약간 줄어든다.

같은 레이어에 Invert를 적용한다(Effect > Channel > Invert). 이제 키를 추출한 이미지의 형태로 윤곽선과 배경이 통과하여 보일 것이다.

같은 레이어에 Fast Blur를 적용한다(Effect > Blur & Sharpen > Fast Blur). 블러 값을 높게 설정한다. 여기서는 48로 설정했다. Blur의 방위를 Horizontal and Vertical로 설정하고 Repeat Edge Pixels를 선택한다.

8. 가장 아래에 있는 배경 레이어에 Fast Blur를 적용한다. 위와 같은 설정을 사용하되 블러 값은 필요에 따라 정한다. 배경에 디테일이 드러나지 않고 빛과 색만 보이도록 한다.

9. Light Wrap 합성을 닫고 Light Wrap Final을 불러온다. Light Wrap Final 합성에는 3개의 레이어가 있어야 한다.

   • Light Wrap 컴프 : 레이어 1(최상위 레이어)
   • 키를 추출한 영상 : 레이어 2(중간 레이어)
   • 배경 : 레이어 3(최하위 레이어)

Light Wrap 레이어의 모드를 Screen, Add, Lighten 중 하나로 설정한다. 어떤 것이 가장 효과가 좋은지 확인한다. 명도를 높여야 한다면 Levels를 사용한다. 레이어의 투명도는 낮추는 것이 좋을 것이다. 윤곽선이 투명해지지 않도록 한다.

기초부터 시작하여 라이트 랩을 완성했다. 어렵지는 않지만 여러

위의 이미지에는 라이트 랩이 없다. 아래의 이미지에는 라이트 랩이 적용되었다.

단계를 거쳐야 하므로 가능하면 플러그인을 구입하는 것이 좋다.

RED GIANT의 Key Correct Pro, Prematte Keyer Pro, THE FOUNDRY의 Keylight, DIGITAL FILM TOOLS의 zMatte와 같은 플러그인에는 라이트 랩 기능이 있다. 플러그인을 사용하는 편이 속도가 훨씬 빠르고 확실하다.

빛의 각도

대니얼 랜드에 의하면 태양광의 각도를 스튜디오의 조명과 일치시키는 것은 숏의 프레임을 맞추는 것만큼이나 매우 중요하다. 그는 배경 이미지를 프린트하여 그린스크린 스튜디오 작업 시에 참고한다.

GeneralSpecialist.com을 운영하는 조나스 험멜스트랜드Jonas Hummelstrand는 "후반 작업에서 거의 모든 것을 수정할 수 있지만 조명을 바꾸는 것은 가장 어렵고 성공할 확률이 가장 낮은 작업이며, 잘못된 조명이야말로 거짓이라고 외치는 것과 마찬가지"라고 말한다.

촬영 시에 조명이 잘못되었다면 관객들은 조명의 각도가 달라진 것을 분명하게 알지는 못하더라도 합성된 이미지에 뭔가 석연치 않은 점이 있다는 것을 분명히 알아챈다. 어떻게 문제를 해결해야 할까? 만약에 방향이 정반대인데 숏에서 허용할 수 있는 상황이라면 배경이나 배우를 좌우 전환할 수 있을 것이다.

최악의 경우는 문제를 해결하기 위해 하이라이트를 낮추고 Curves나 Levels를 사용하여 암부를 밝게 바꿔야 할 때이다.

크로즈업에서는 배경의 초점이 더 흐려진다. 미디엄 숏에서는 배경의 초점이 약간 흐려진다. 와이드 숏에서는 원경까지도 동일한 초점이다. (출처 : 앤지 미스트레타, 이미지 출처 : iStockPhoto, 3D : 폴 우드)

심도

경험에 의한 심도

- *와이드 숏* : 전경의 물체와 배우, 배경의 심도가 같으며 원경에 약간의 심도 차이가 있다.
- *미디엄 숏* : 배우에 초점이 맞춰져 있으며 배경에는 약간의 초점만 맞춰져 있다.
- *클로즈업* : 배우에 초점이 맞춰져 있으며 배경의 초점이 훨씬 더 흐리다.

디포커스와 블러 도구는 많은 호스트 프로그램에 내장되어 있으며 수많은 타사 프로그램 중에서 구입할 수도 있다.

반사의 재구성

그린스크린이 있던 부분을 창문이나 그 밖의 반사가 있는 표면으로 바꿔야 하는 경우가 많다. 확실한 예로 그린스크린을 배경으로 자동차를 촬영한 장면을 들 수 있다. 주변에 반사를 넣어야 할 것이다. 배경을 복사하고, 부분을 마스킹 하고, 필요하다면 방향을 바꾸고 레이어 모드를 활용하면 대개 좋은 결과를 얻을 수 있다.

실외에 있는 자동차나 창문과 같이 반사가 심한 표면에 대한 기술 중 하나는 그 위에 구름을 반사시키는 것이다. After Effects에 있는 Fractal Noise를 사용하거나(Effects > Noise > Fractal Noise), 구름을 만드는 필터를 사용하거나, 움직이는 구름의 스톡 영상을 사용할 수도 있다. 피사체 위에 구름을 레이어로 넣고 불투명도를 매우 낮춘다. 블렌드 모드를 사용해도 도움이 될 것이다. 그리고 구름 레이어가 잘 나타나지 않도록 마스킹 하고 윤곽선에 페더 효과를 준다. 섬세하게 처리하는 것이 중요하다. 관객에게 구름이 보이도록 하려는 것이 아니라 영상

반사가 추가되지 않은 합성 이미지
(이미지 출처 : iStockPhoto.com)

유리창과 계기판에 하늘의 색상과 구름이 반사되었다. 이 정도의 효과는 별로 섬세하다고 볼 수 없다.
(이미지 출처 : iStockPhoto.com)

RED GIANT의 Magic Bullet Looks를 사용하여 빛의 효과를 주었다. (전경 출처 : 앤지 미스트레타, 배경 출처 : iStockPhoto. com)

에 사실적인 느낌과 질감을 부여하려는 것이다. 좀 더 활기를 주려면 빛이 피사체에 닿는 부분에 약간의 렌즈 플레어를 넣는다.

선명도가 떨어지는 영상에서는 Curves와 Levels를 사용하여 현재의 하이라이트를 밝게 할 수 있다. 그리고 레이어를 복사하여 상위 레이어에 블러를 조금 넣고 모든 레이어를 블렌딩 한다. 필요하다면 불투명도를 조절할 수 있다. 이 기술에서 Blend 모드를 Darken이나 Multiply로 설정하면 경직된 부분을 부드럽게 만들거나 지나치게 밝은 부분을 완화시킬 수 있다.

그림자 생성

그림자를 만들 때에는 그림자마다 색상, 명도, 블러의 특성이 다르다는 것을 기억해야 한다. After Effects에 있는 Drop Shadow 플러그인으로는 충분한 효과가 나타나지 않기 때문에 전경에서 피사체의 그림자를 만드는 방법에 대해 알아보자. 피사체의 그림자를 표면에 정확하게 투사해서 검은 얼룩처럼 보이지 않도록 해야 한다. 이 방법은 화면에 전신의 배우나 피사체가 보일 때 효과적이다.

1. 전경의 피사체를 복사하여 'Shadow'라고 이름을 입력한다.

2. Shadow 레이어를 피사체의 아래로 드래그 한다.

3. 타임라인에 있는 작은 등축 육면체 모양의 버튼을 클릭하여 Shadow 레이어를 3D로 만든다.

4. 중심점을 피사체의 아랫부분으로 이동한다. 이것은 피사체에서 그림자가 자연스럽게 드리워지는 시작점이 된다.

5. Rotate를 사용하여 그림자를 배경의 다른 그림자와 같은 각도로

레이어를 3D로 전환하여 그림자의 각도를 조절하고 Rotate를 사용하여 다른 그림자와 같은 느낌이 나도록 조정한다. (3D : 폴 우드)

회전시킨다.

6. 적절한 색상으로 그림자를 채운다(Effect > Generate > Fill).

7. Fast Blur와 같은 블러 효과를 준다(Effects > Blur & Sharpen > Fast Blur).

8. Blend 모드를 사용할 수도 있지만 여러 개의 그림자가 겹치지 않는 편이 좋다.

이것은 전경과 배경을 3D로 전환한 후에 일정 각도에서 비치는 조명을 추가하고 그림자를 받아들이도록 배경을 설정하는 방법으로도 가능하다. 첫 번째 방법은 설정과 조정이 더 수월하지만 레이어에서 그림자를 만들고 빛을 받아들이지 않도록 설정하여 기존의 조명에 영향을 주지 않는 방법으로도 좋은 그림자 효과를 만들 수 있다.

그림자를 투사하는 타사 프로그램

RED GIANT SOFTWARE의 Image Lounge에는 Real Shadows라는 매우 편리한 필터가 있어서 표면에 그림자를 정확하게 드리우며, 가격은 299달러이다.

RED GIANT의 Warp에는 그림자, 반사, 모서리 회전을 최대한 조정할 수 있는 3개의 강력한 플러그인이 포함되어 있다. Shadow 도구를 사용하면 그린스크린을 배경으로 하는 텍스트나 피사체에 실제와 같은 그림자를 만들 수 있다. 가격은 199달러이다.

영상에서의 모션 블러 생성

〈더티 트라우저스〉의 공동 제작자인 대니얼 랜드는 "거의 대부분의 장면에서 셔터 속도를 1/60로 유지했지만 분명히 때에 따라 바뀌는 경우가 있습니다. 전반적으로 동작이 있는 장면에 모션 블러가 생기지 않도록 주의하는 수밖에 없습니다."라고 한다.

모션 블러가 발생하지 않도록 높은 셔터 속도로 촬영하고 키를 부드럽게 만드는 것이 바람직하다. 움직임에 모션 블러를 다시 넣으면 동작이 더 자연스러워 보인다. Motion Blur 필터를 사용하면 이미지 전체에 효과가 적용된다. 마스크와 레이어를 효과적으로 사용하거나 RE: Vision Effects ReelSmart Motion Blur와 같은 플러그인을 사용할 수 있으며, 가격은 150달러이다.

조나스 험멜스랜드의 모션 그래픽 블로그(GeneralSpecialist.com)를 인용하자면, "ReelSmart Motion Blur와 같은 옵티컬 플로 기술을 사용하여 후반 작업에서 모션 블러 효과를 넣고 크로마 클립 레이어로 심도를 추가한 다음에 블러 효과를 주면 된다." ReelSmart Motion Blur는 ADOBE의 After Effects, Premiere Pro, AUTODESK의 Combustion, APPLE의 Final Cut Pro에서 사용할 수 있다. OFX, Nuke, Toxik은 After Effects에서 32비트 부동 소수점 색 공간을 지원한다.

비법과 영감

이 장에서는 9장의 제작 시나리오와 관련하여 후반 작업에 관한 내용을 마무리 짓고 새로운 키잉 기술을 언제 사용해야 할지 또는 사용하지 말아야 할지에 대해 폭넓게 생각해 보고자 한다. 다음 내용은 개인적인 작업에서 얻은 경험과 시각효과 예술가들과의 대화, 키잉과 시각효과 무대의 뒤편에서 이루어지는 작업에 대한 자료에서 발췌한 것이다.

투명 인간과 춤추는 의상

포스트하우스라는 비디오 후반 작업실에서 일할 때, 무한히 펼쳐진 흰색을 배경으로 옷이 춤을 추는 프로모션 영상을 아웃렛 체인 몰의 의뢰로 만든 적이 있다. 의상 디자이너가 라이크라/스판덱스 원단으로 손발을 모두 가리는 전신복과 얼굴, 머리카락을 숨기는 두건을 만들었다. 몸에 딱 달라붙는 의상은 더 이상 파랄 수 없을 만큼 파란색이었다. 전신복 위에 최신 유행 패션을 입은 모델들이 블루스크린을 배경으로 춤을 춘 다음에 편집기에서 키를 추출했는데, 이와 같은 작업에서의 문제는 칼라의 안쪽 부분이다. 그 부분은 트래킹을 해서 로토스코핑 작업으로 만들어 넣었다.

붉은 입술과 회색 얼굴

〈씬시티〉와 그 밖의 영화에서도 사용된 표현 방법으로서 한 가지 원색만 사용하고 나머지 부분에서는 채도를 완전히 제거하는 방법은 녹색의 메이크업이나 밝은 녹색의 의상을 사용하여 쉽게 추출이 가능하다. 예를 들어, 여배우의 입술만 빨갛고 나머지 부분이 무채색이어야 한다면 강하고 밝은 녹색의 매트한 립스틱을 여배우의 입술에 바른다. 효과를 만들기는 매우 쉽다.

1. 호스트 프로그램의 타임라인에 영상을 불러온다.
2. 영상을 복사한다. 최하위 레이어에서 Hue/Saturation이나 유사한 필터를 사용하여 색상을 완전히 제거한다. 효과를 확인하려면 상위 레이어를 토글링 한다.
3. 최상위 레이어의 녹색 입술에서 키를 추출하고 알파 매트로 전환한다.
4. 필요한 색으로 입술의 색 보정을 하거나 색을 입히고 매트를 조절한다.

연기와 불에서 키를 추출해야 할까? 아니다! 그럼 어떻게 불, 폭발, 연기, 깨진 유리창에서 검은색 배경을 제거할 것인가?

검은색에서 키를 추출하는 것보다 Blend 모드를 사용하면 훨씬 좋은 효과를 만들 수 있다. 불이나 연기를 촬영할 때에는 검은색을 배경으로 촬영한다. 타임라인에 있는 Modes의 Layer 모드에서 어떤 표현이 가장 좋아 보이느냐에 따라 Add, Screen, Lighten 중 하나를 설정한다.

깨진 유리창 사례에서는 Screen 모드를 적용했다. 깊이감을 추가하기 위하여 레이어를 복사한 다음 Invert를 하고(Effect > Channel > Invert에 초깃값 사용) Multiply를 적용했다. 레이어의 위치를 좌측 아래로 한 픽셀 옮겨서 좀 더 어두운 레이어가 밝은 레이어의 아래에 위치하도록 했다.

원본인 Window Crack Image의 레이어 모드를 Screen으로 설정하여 검은색 배경을 제거한다.

After Effects의 Blend 모드는 훌륭한 합성 기능을 제공한다. (이미지 출처 : iStockPhoto.com)

원본 이미지의 파손된 유리

After Effects의 Blend 모드

RED GIANT의 Magic Bullet Looks로
마무리한 최종 이미지

Screen 모드를 적용한
파손된 유리 이미지

Multiply 모드를 적용하여
반전된 이미지

파손된 유리 이미지의 위치를
약간 이동하여 합성한 이미지

Blend 모드는 깨진 창문, 연기, 불, 폭발 장면에서 검은색 배경을 빠르게 제거할 수 있는 방법이다. (이미지 출처 : iStockPhoto.com)

텔레비전과 컴퓨터 모니터 대체하기

컴퓨터 모니터나 비디오 화면을 촬영해 본 경험이 있는가? 모든 세팅이 완벽한 경우를 제외하고는 스크린이 흐르는 것을 볼 수 있을 것이다. 스크린을 대체하는 가장 쉬운 방법은 텔레비전이나 컴퓨터 모니터에 불투명한 녹색 배경을 붙이고 키를 추출한 후에 정상적인 이미지로 대체하면 될 것이라고 생각하지는 않는가? 그렇다면 잘못 알고 있는 것이다.

촬영하는 동안에 모니터를 켜 둔 상태에서 자연스럽게 반사되는 모든 빛은, 화면을 밝은 녹색 스크린으로 대체해서는 얻을 수가 없다.

1. After Effects에서 스크린의 크기에 정확하게 맞는 불투명한 마스

크를 만든다. 이동 숏이라면 영상을 트래킹 하여 모서리를 맞춰서 마스크가 대체하려는 스크린을 따라 움직이게 한다.

2. 합성에서 대체할 비디오를 추가하여 크기를 조정하고 필요한 곳에 위치를 잡는다.

3. 트래킹이 필요한 이동 숏에서는 잘라 내야 하는 불투명한 이미지에 대체할 비디오를 패런팅 한다.

4. 원래의 촬영 숏과 불투명한 솔리드를 복사한다. 솔리드를 원래의 스크린 숏에 대한 알파 매트로 사용한다. Lighten, Screen, Add와 같은 Blend 모드를 사용하여 스크린에 하이라이트를 만들고 투명도를 조절한다.

〈씬시티〉의 과제 :
키를 추출한 영상과 3D 배경의 블렌딩

3D 영상을 배경으로 그린스크린을 사용하여 제작한 이미지를 전경에 배치한 후에 렌더링 했다. (출처 : 「마이크로필름메이커」, 앤지 미스트레타, 랠프 칼드웰, 토비 게인스)

〈씬시티〉와 같은 영화에는 모두를 열광시키는 실사 영상과 렌더링 된 배경의 매끄러운 합성이 존재한다. 과거에 엉성하게 만들어진 와이어 프레임을 본 적이 있다고 해도 완벽하게 렌더링 된 결과를 보면 스릴을 느끼게 되는 것이다. 〈300〉 또한 깨끗한 그린스크린 작업과 Lightwave 배경이 합성되어 생명을 얻었다. 어떻게 하면 인공적인 요소와 실제를 혼합하여 가짜로 보이지 않게 만들 수 있을까?

이는 세 가지 요소의 결합에 의해 거의 결정된다. 즉, 3D 소프트웨어의 선택, 조명의 일관성, 디테일에 대한 열성이다.

적합한 3D 소프트웨어의 선택

적합한 3D 소프트웨어를 제대로 선택하려면 얼마나 자주 3D 배경을 합성해야 하는지 그리고 구입 예산이 얼마나 되는지 알아야 한다. 이 두 가지는 연관이 있다. 3D 작업량이 많을수록 좀 더 쉽게 작업 가능한 소프트웨어를 구입할 수 있는 예산을 준비해야 할 것이다. 3D는 가장 확실하게 창의성을 발휘할 수 있는 조건을 제공하지만, 현지에서 촬영해 온 매력적인 고화질 사진에서 필요한 부분을 잘라 내어 After Effects의 모조 3D 프로그램에 붙이는 것으로도, 정말 효과적인 배경을

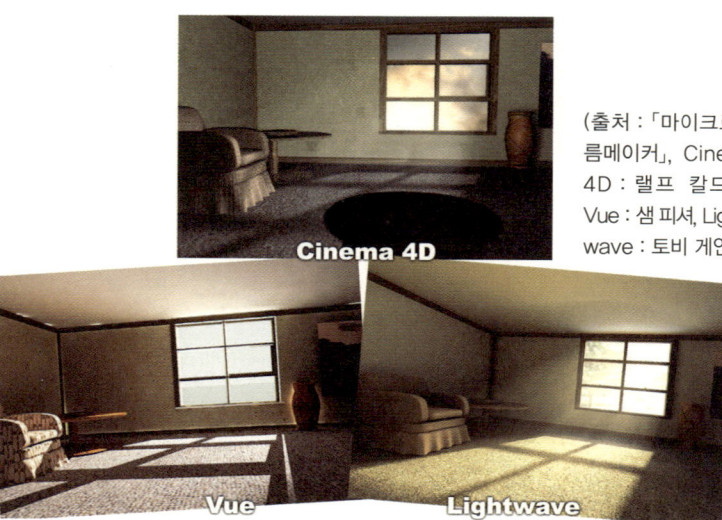

(출처 : 「마이크로필름메이커」, Cinema 4D : 랠프 칼드웰, Vue : 샘 피셔, Lightwave : 토비 게인스)

사용한다면 사실과 같은 합성을 해내는 경우도 많다. 그리고 CS3 또는 그 이상의 Photoshop과 After Effects 패키지를 모두 갖고 있다면 Photoshop의 Vanishing Point 기능을 사용하여 매우 실제와 같은 3D나 실내 공간을 만들어서 After Effects에서 보는 각도를 바꿀 수 있다. 다음에 언급할 소프트웨어들의 가격대가 마음에 들지 않을 수도 있기 때문에 대안을 고려해 보기 바란다.

모든 3D 패키지에 대해 알아볼 수는 없으므로 가장 많이 사용하는 것 중에서 이 책의 방향과 맞는 세 가지를 살펴보자.

영화 제작에는 속도, 가격, 품질의 삼각관계가 있다. 그중에서 오직 두 가지만 선택할 수 있다. 속도와 가격을 선택하면 품질이 떨어지고, 속도와 품질을 선택하면 가격이 올라간다. 3D 소프트웨어를 선택하는 데에도 가격, 파워, 편리성의 유사한 관계가 존재한다. 비교적 가격이 저렴하고 파워가 있다면 사용하기가 그다지 편리하지 않을 것이다.

좋은 예는 900달러의 Lightwave인데 1,000달러 미만의 가장 강력한 모델링과 렌더링을 제공하는 것 중 하나이지만 배우기가 어렵다. 마찬가지로 사용이 편리하고 파워가 있다면 가격이 만만치 않다. MAXON Cinema 4D의 가격은 900~3,500달러이며 강력하고 편리하기 때문에 가장 마음에 든다. 실제와 같은 렌더링을 원한다면 900달러 패키지보다는 2,200~3,500달러 패키지를 구입해야 한다. (MAXON의 대표에 의하면 앞으로는 기본 패키지에도 그린스크린 배경에 필요한 극사실적인 렌더링 기능을 포함할 계획이라고 한다. 또한 저예산 패키지에 그린스크린 전용의 배경 생성 기능이 포함될 것이라고 한다.)

Lightwave와 Cinema 4D의 데모를 내려받아서 어떻게 요구에 부합

되는지 확인해 보면 큰 도움이 될 것이다. 그리고 140~900달러 정도의 Vue에 대해서도 알아보기 바란다. 그중에서 Infinite 패키지의 가격은 700달러 선으로 알아볼 만한 가치가 있다. 특히 구름, 숲, 호수, 섬, 산 등의 실외, 판타지의 주변 환경을 제작하기 위해 디자인된 이 소프트웨어는 Industrial Light and Magic에서 사용하는 중요한 도구가 되었으며, 최근에는 〈캐리비안의 해적 : 망자의 함〉과 〈스파이더워크가의 비밀〉에서 사용되었다. Infinite는 실외 환경에만 사용되는 것이 아니라 강력한 프리셋을 비롯하여 실내 환경을 렌더링 하는 우수한 기능을 갖추고 있다.

프로그램을 배우는 것은 초보자에게는 부담이 될 만한 섬세한 조정 작업에 들어가기 전까지는 별로 어렵지 않다. 다행히도 Vue의 사용법에 책 몇 권이 판매되고 있다. 저예산 영화 제작자에게 가장 좋은 점은 완벽하게 기능을 배울 수 있는 학습용 프로그램을 무료로 내려받을 수

ADOBE의 Ultra와 같은 프로그램에는 사전에 제작된 3D 배경이 포함되어 있기 때문에 직접 제작할 수 없는 경우에 아주 큰 도움이 될 수 있다. (출처 : ADOBE)

있다는 것이다. 학습용 버전에서는 한 달 동안 워터마크 없이 표준 화질의 영상을 렌더링 할 수 있다. 그 후에는 모든 화면에 워터마크가 표시되지만 프로그램은 그대로 사용할 수 있으므로 상업적인 용도로 사용하기 전에 Vue의 모든 기능을 확실히 파악할 수 있다. 주의해야 할 점은 Vue는 매우 강력한 프로그램이지만 렌더링이 세 프로그램 중에서 가장 느리다는 것이다. 따라서 애니메이션 배경을 렌더링 할 때에는 매우 난처한 상황이 생길 수 있다.

3D 소프트웨어에서 3D 배경 만들기

204~205쪽 영상의 배경은 Cinema 4D에서 제작되었지만 합성 원리는 모든 3D 프로그램에 상당히 일반화되어 있는 것이다. 우선, 가상의 3D 카메라를 실제로 그린스크린 영상을 촬영했거나 촬영할 계획인 카메라와 최대한 일치시켜야 한다. (3D 소프트웨어에서 원본 배경을 제작할 수 있다면 영상을 촬영한 '이후에' 배경을 만들어도 되는 이점이 있으므로 촬영 시에 운신의 폭이 매우 넓어진다.) (배경과 전경을) 오차 없이 일치시킬 필요는 없지만 유사할수록 영상의 블렌드 효과가 훨씬 좋다. 영상을 이미 촬영했고 줌/렌즈 설정을 기록해 두지 않았다면 PANASONIC의 HVX200A와 같은 카메라로 메타 데이터를 생성하여 ADOBE의 Bridge에서 메타 데이터를 확인할 수 있다.

배우에 대한 조명의 각도와 색상에 장면 조명도 일치시켜야 한다. 그린스크린 영상을 촬영하기 전이라면 조명에 대해 심사숙고하여 3D 장면에서 설정한 조명을 재현할 수 있는지 확인하도록 한다. 렌더링을 한 배경에서 각도가 각기 다른 5개의 조명을 필요로 하는데 현장에서 사용하는 수 있는 조명이 4개뿐이라면 3D 배경에서 조명 1개를 제거할 수밖에 없을 것이다. 조명을 추가한 것처럼 보이기 위해 반사판을 사용하는 경우가 가끔 있는데, 상당히 약한 조명원에 불과한 이런 조명에 의존하지 않는 편이 좋다.

배경을 최종 크기로 렌더링 하기

배경을 렌더링 하는 단계에서는 최종 출력본의 크기를 알고 있어야 한다. 배경에 추가적인 변경 계획이 없다면 확정된 크기와 종횡비로 렌더링을 한다. 추가적인 조정이 필요한 경우에는 패닝이나 틸팅이 가능하도록 좀 더 높은 해상도로 렌더링을 한다. 이는 후반 작업에서 사실성을 부여할 수 있는 좋은 방법이다. 별이 가득한 밤하늘로부터 별을 바라보는 연인으로 틸팅을 한다면 무한히 열린 공간의 환영에 신빙성을 더할 수 있다.

앞으로는 항상 After Effects, Motion, Shake와 같은 프로그램에서 사

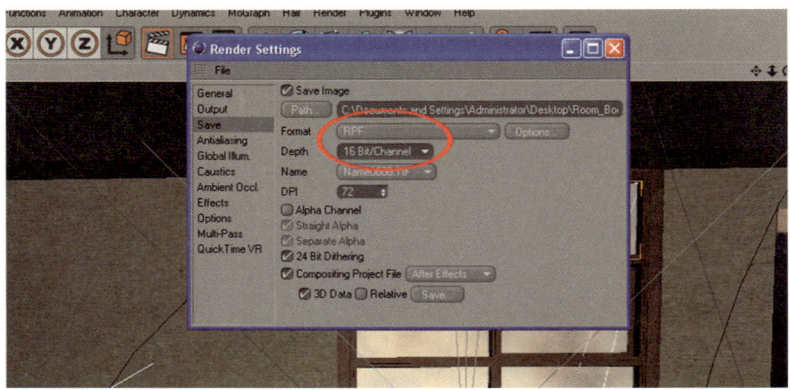

용할 수 있는 3D 핵심 정보를 분명히 확보해 두도록 한다. 방법은 몇 가지가 있다.

가장 일반적인 방법 중 하나는 .rpf 또는 .rla 포맷으로 이미지를 렌더링 하고 저장하는 것이다. 이와 같은 이미지는 Z축의 깊이, 소재 정보, 카메라 정보를 저장하기 때문에 그린스크린 영상과 3D 배경을 오차 없이 합성할 수 있다. 하지만 유감스럽게도 QuickTime이나 AVI와 같이 동영상 포맷이 아니므로 배경을 애니메이션 하려면 일련의 RPF/RLA 이미지를 만들어야 한다.

강도와 높은 조종 능력이 필요하고 실제 영상을 출력해야 한다면, 많은 3D 프로그램이 그에 필요한 정보를 내보내므로 Shake나 After Effects와 같은 특정 효과로 합성하는 소프트웨어 패키지에서 직접 정

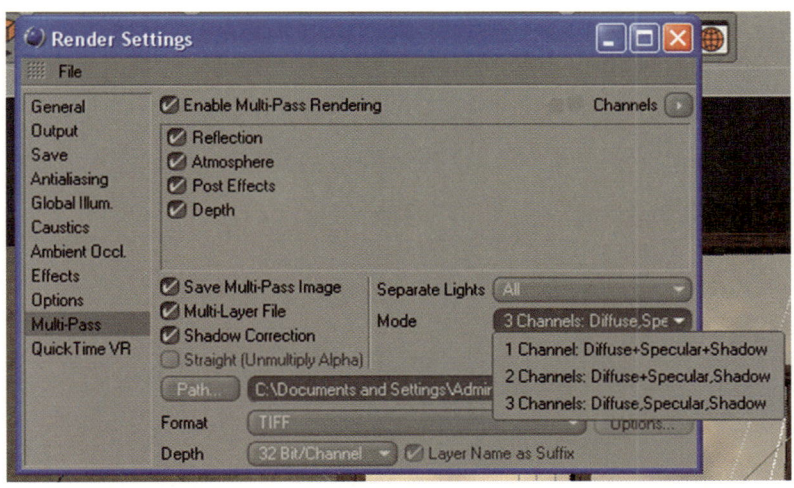

MultiPass를 사용하면 뎁스(depth) 맵에서 라이팅 맵에 이르기까지 다양한 정보를 사용할 수 있도록 파일을 만들어 준다.

3D 소프트웨어로부터 다양한 정보를 제대로 받을 수 있다면 After Effects나 Motion에서 많은 내용을 활용할 수 있다.

보의 사용이 가능하다. 예를 들어, Cinema 4D R9 또는 그 이상(Carrara Pro 5)을 사용하고 최종 합성을 After Effects에서 할 생각이라면 .AEC 파일을 생성하면 된다. 이렇게 하면 After Effects에서 이미지와 3D 정보를 하나의 AE 프로젝트로 받을 수 있다. (.AEC 파일을 열고 사용하려면 MAXON의 웹사이트에서 .AEC Exchange 플러그인을 After Effects의 플러그인 디렉토리에 설치한다.) .AEC가 참조할 내용 정보의 대부분은 MultiPass 파일에 저장되기 때문에 렌더링 할 때에는 .AEC 파일로 저장하는 것과 함께 MultiPass 이미지 또는 QuickTime으로 저장해야 한다. (.AEC를 실제 After Effects 합성으로, MultiPass 파일을 필요한 정보를 담고 있는 파일로 간주할 수 있다.)

MultiPass 파일에는 모든 정보가 들어 있기 때문에 크기가 상당히 커질 수 있다. 하나의 MultiPass 이미지는 500Mb 또는 그 이상이며, 단편 영상의 크기는 애니메이션의 길이, 장면의 복잡한 정도, 불러온 3D 표현의 수량에 따라 수 Gb에 이른다. Cinema 4D에는 After Effects 외에도

Shake, Motion, Combustion, Digital Fusion 등으로 유사한 파일을 보낼
수 있는 프리셋 인코딩 포맷이 있다.

After Effects에서의 3D 채널 효과

ADOBE의 After Effects에서 3D 채널 효과를 사용해 보려고 했지만
실패한 적은 없는가? 사용법을 제대로 터득할 수만 있다면 작업을 훌륭
히 해낼 수 있다.

뎁스 매트 효과 : 3D 공간에 그린스크린 숏을 배치한다

보통의 .tiff 또는 .jpeg 파일이나 3D 소프트웨어에서 렌더링을 한
QuickTime 영상에서는 3D로 합성한 사물들 사이에 3D 물체를 실제로
넣을 수가 없다. 이와 같은 경우에는 .rpf 파일과 After Effects의 Depth
Matte 3D Channel 효과를 사용한다.

1. After Effects에서 .rpf 파일을 불러온다(File > Import).
2. .rpf 파일을 새로운 합성 또는 작업 중인 합성으로 드래그 한다.
3. .rpf 파일 레이어에 Depth Matte를 적용한다(Effects > 3D Channel > Depth Matte).
4. 배우 앞에 있어야 할 부분만 남을 때까지 Depth의 설정 값을 변경한다.
5. 물체의 뒤편에 배우의 위치를 잡는다.
6. .rpf 레이어를 복사하고(Command+D/Ctrl+D) 배우가 있는 레이어의 뒤편에 둔다.

After Effects의 Depth Matte 3D Channel 효과(3D : 폴 우드)

7. Depth Matte의 옵션에서 Invert를 선택한다. 선명한 윤곽선이 보이면 배우 뒤편의 레이어에서 Depth를 조절한다.

8. 배우 앞에 있는 레이어에서 Feather를 조절한다.

.rpf 파일에서의 심도

Depth of Field 3D Channel 효과는 카메라의 심도를 구현한 것이다. 이 효과는 .rpf 파일의 심도 정보를 참조하여 정한 부분에서 레이어의 심도를 조절할 수 있게 한다. 배경에 블러 효과를 주고 전경의 초점을 맞춰서 관객의 주의를 특정 부분으로 이끌 수 있다. 실제와 같은 심도를 설정하려면 17장을 참고한다.

심도를 적용한 부분

심도를 적용하지 않은 부분

.rpf 파일에서의
Depth of Field
3D Channel 효과
(3D : 폴 우드)

.rpf 파일에서 심도를 주려면 다음과 같이 한다.

1. After Effects에서 .rpf 파일을 불러와 컴프에 추가한다. Depth of Field 필터를 적용한다(Effects > 3D Channel > Depth of Field). 아무것도 변하지 않는다.

2. Maximum Radius로 블러의 정도를 조절한다. 실제와 같이 보이도록 1~2 정도의 아주 낮은 값을 입력한다. 설정이 약간 민감한 편이다.

3. 이미지에서 Z 뎁스를 측정하여 Focal Plane Thickness의 크기를 확인한다. Info 창에서 합성을 클릭하고 가장 먼 점과 가장 가까운 점을 찾는다. 가장 큰 값에서 가장 작은 값을 뺀 값이 Focal Plane 이다.

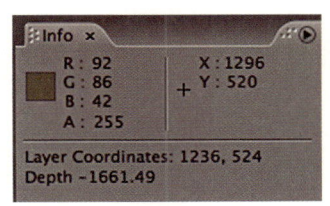

Depth에 대한 정보

4. Focal Bias를 사용하여 좀 더 섬세하게 조절할 수 있다. 정확도를

높이려면 낮은 수치를 사용한다.

5. 최종적으로 Focal Plane으로 블러가 있는 부분을 정하고 랙 포커스rack focus를 원하면 키 프레임을 설정한다.

3D와 영상의 일치

거의 대부분의 3D 이미지는 지나치게 깨끗하기 때문에 입자를 추가하여 영상과 일치시키는 것이 좋다. 입자를 추가하는 것에 대한 내용은 17장을 참고한다. 영상에서 초점을 일치시키기 위해서는 3D에 매우 소량의 블러 효과를 주는 것이 좋지만 심도의 효과가 더 좋은 해결 방법이 될 수 있다. 그림자, 암부와 하이라이트, 빛의 각도를 일치시키는 것을 비롯하여 이 장에서 다룬 모든 내용은 합성에 매우 중요하므로 반드시 알아 두기 바란다.

저예산 키잉의 미래

2008년 NAB에서 발표한 RED Scarlet 3K는 저예산 키잉의 미래이다. 저예산 영화 제작자들이 많은 예산이 드는 컬러 녹화를 할 수 있도록 제작된 RED Scarlet은 처음으로 저예산 영화에서 할리우드 수준에 근접한 도구를 사용하여 그린스크린 촬영을 할 수 있게 해 주었다. Oakley 설립자인 짐 저나드가 설립한 RED에서 출시한 카메라의 기본 가격은 3,000달러 정도이며, 3K의 RAW 포맷으로 촬영이 가능하다. (2009년을 기준으로 PANASONIC SD DVX100B보다 낮은 가격이며 HD HVX200A의 절반에 가까운 가격이다.)

대부분의 DSLR 스틸 카메라에서 사용되는 RAW 포맷은 줌과 심도에 대한 비파괴 정보를 제외하고는 무손실 이미지에 대한 거의 모든 정보를 갖고 있다. 이는 후반 작업에서 고해상도의 색 보정을 얼마든지 할 수 있다는 것을 의미한다. 하지만 무엇보다도 가장 중요한 것은 1장에서 언급했던 것처럼 4:4:4 색 공간을 갖는다는 것이다. 그리고 3K의

베타 모델로 출시되
었을 때의 RED
Scarlet

해상도는 1,080P의 160%에 해당하므로 고해상도의 키를 추출하고 원하는 크기로 축소할 수 있다. 이와 같은 두 가지 조건으로 인해 저예산 작업에서 할 수 있었던 어떤 결과에 비해서도 훨씬 더 깨끗한 키를 추출할 수 있다. 3K가 얼마나 커다란 크기인지는 대부분의 디지털 프로젝션 상영관에서 여전히 2K의 프로젝터를 사용하고 있다는 것을 보면 알 수 있을 것이다. 저예산 영화 제작자들도 이제는 상영관의 화질을 능가하는 수준의 영상을 제작할 수 있게 되었다.

(이 책이 미국에서 출판되기 바로 전에 Scarlet의 새로운 디자인이 발표되었다. '업계의 변화'가 그 이유라고 했는데, 아마도 NIKON이나 CANNON 같은 쟁쟁한 경쟁 상대들이 고화질 비디오 시장에 비슷한 가격으로 진입하는 것을 의식해서인 듯하다. 저예산 영화 제작을 위한 앞으로의 정보에 대해서는 http://www.microfilmmaker.com을 참고하기 바란다.)

그린스크린 작업의 미래를 개선하는 방법이 카메라에만 달려 있는 것은 물론 아니다. 이 책이 나온 것과 마찬가지로 수많은 소프트웨어 개발 업체에서 개선된 스펙을 소개하고 있다. 키잉 소프트웨어 자체는 소프트웨어 패키지로서 천천히 지속적으로 개선되고 있지만, 고압축 영상을 처리할 수 있는 훨씬 더 강력한 알고리즘이 적용되고 공간을 창조하는 프로그램도 점차 강력해지고 활용도가 높아지고 있다. 19장에서도 언급한 것처럼 새로운 3D 개발 업체들이 앞으로 저예산 영화 제작에 사용할 수 있도록 3D 공간 제작에 대한 혁신적인 방법을 공개할 계획이라고 한다.

이 책이 출간되기 바로 전에 MAXON에서 출시한 Cinema 4D R11에서 사용된 'Projection Man'이라는 엔진은 Cinema 4D R11의 일부로서 출시되기 전에는 MAXON이 비밀리에 할리우드의 스튜디오에서 〈스파이더맨 3〉, 〈베오울프〉, 그리고 그 밖의 많은 영화에 필요한 사실적인 배경을 만들 수 있도록 개발한 프로젝트였다. Vanishing Point를 좀 더 개선한 것 같은 버전으로 ADOBE의 Photoshop CS3에서 출시된 프로그램은 Cinema 4D에서 극사실적인 배경을 간단한 기본 형태에 매핑할 수 있게 해 준다. (Photoshop과 달리 굴곡이 있는 길쭉한 입체의 표면에도 텍스처를 매핑 할 수 있다.) 이로써 아주 짧은 시간에 강력하고 실제와 같은 3D 모델과 공간을 만들어 내는 것이 가능해졌다.

그린스크린 작업과 후반 작업의 기술은 매년 지속적으로 확장되고 향상되어 저예산 영화에서도 지금까지와는 비교도 할 수 없을 만큼 훨씬 더 많은 관객의 믿음을 얻을 수 있게 되었다.

결론

그린스크린과 키잉 작업은 영상에 무한한 가능성을 열어 주었다. 평원에 산맥이 솟아오르거나 목성에 가거나 UFO에 탑승할 수도 있다. 더 이상 물리적 환경의 제약을 받을 이유가 없는 것이다. 이제 한계는 인내심과 시간이다. 키를 추출하는 작업은 인내심, 인내심, 인내심과 수많은 시행착오를 요구한다. 기본을 익히고 도구를 편하게 다룰 수 있다면 훌륭한 인디 필름을 만들어 낼 수 있다.

영상 제작에는 가격을 매길 수 없는 좋은 내러티브, 흥미로운 캐릭터를 가진 재능 있는 배우, 영상 업계, 세트 디자인, 의상, 촬영, 편집 등 특수효과 이상의 것이 훨씬 더 많이 있다.

〈지구의 중심에서〉(1976, 사이언스 픽션/판타지)라는 B급 영화를 본 적이 있다. 그 영화는 빅토리아 시대의 과학자와 자본가가 지구에 구멍을 뚫는 기계를 시험하기 위해 산으로 가져간다는, 에드가 라이스 버로스Edgar Rice Burroughs의 책을 각색한 것이다. 그들은 지구의 중심에 있는

그린스크린에서 촬영한 영상을 해변의 .rtf 파일을 배경으로 넣고 After Effects에서 약간의 3D Channel 효과를 추가한 다음에 Magic Bullet Looks로 다듬은 최종 이미지

낯선 땅에 도착하게 되고, 그곳에서 외계인과 텔레파시로 소통하는 익룡과 구출해야 할 아리따운 여성이 등장한다. 저예산으로 제작한 효과는 가짜의 느낌이 역력하고 촌스러웠지만 줄거리는 특이하고 재미있으며 액션으로 가득 차 있었다. 그리고 말도 안 되는 과학적 이론도 등장한다. 익룡의 최면술에 걸려서 그랬는지는 몰라도 그 영화는 마술과 같았다.

그에 비해서, 같은 시기에 보았던 최근의 〈스타워즈〉 두 편은 수백만 달러의 엄청난 시각효과가 투입되어 충격적이고 훌륭한 3D 배경을 보여 주었으며, 3D와 크로마 촬영을 한 배우 그리고 실제와 같은 폭발 장면을 완벽하게 합성했다. 하지만 내 마음을 완전히 사로잡은 초기의 세 편에 비해서 진실성이 부족했다. 아나킨이 어둠의 힘으로 돌아간 것이나 파드메의 운명이나 태어나지 않은 쌍둥이에 대해서는 별 관심이 생기지 않았다. 이야기가 진행될수록 플롯이 난해해지고 파악할 수 없 는 캐릭터의 수가 엄청나게 많아졌다. 〈스타워즈 에피소드 5 : 제국의 역습〉을 보고 한 솔로가 카보나이트 속에서 냉동되었을 때 슬펐지만 실제로는 회귀하지 못한 것 같다.

〈지구의 중심에서〉가 〈스타워즈 에피소드 3 : 시스의 복수〉보다 낫다고 솔직하게 인정할 수 있는 이유는 효과보다 이야기가 주는 감동 때문이다. 조지 루카스George Lucas나 스티븐 스필버그Stephen Spielberg가 효과에 사용할 수 있는 예산에 근접할 확률은 사실상 거의 없다. 그러 나 좋은 영화는 엄청난 예산과 최고의 효과로 만드는 것이 아니다. 캐 릭터에서 끄집어낸 줄거리, 강도 있는 대사, 탄탄한 플롯으로 많은 것을 이룰 수 있다. 한편으로는 요즘처럼 훌륭한 시각효과에 길들여진 관객 들의 요구에 부응하는 효과나 합성을 제대로 해낼 수 있는가에 따라 성 공과 실패가 갈리는 것도 사실이다. 〈타이타닉〉과 〈반지의 제왕〉을 보 고 저예산 영화 제작자들의 기대치마저 높아진 이후에 1976년으로 돌 아가는 일은 없을 것이다. 기본적으로 모든 것을 할 수 있어야만 하는 것이다.

이 책이 독자의 시각효과 수준을 향상시키고 저예산 영화에 고예산 룩을 주는 데 도움이 되기를 희망한다. Magic Bullet Looks 같은 프로그 램에 예산을 투자해서 비책을 마련하기 바란다. 이제 좋은 줄거리는 당 신의 능력에 달려 있다.

자료 목록

- ● 조명, 촬영, 그린스크린 장비

대부분의 장비는 B&H:BHPhotoVideo.com과 판매자의 웹사이트에서 정보를 제공한다.

APOLLO 소프트박스 : BHPhotoVideo.com

Chimera : chimeralighting.com

DIVERGENT MEDIA ScopeBox : ScopeBox.com

ELSDON ENTERPRISES FX(EEFX) : eefx.com

Fresnel 렌즈 : BHPhotoVideo.com

IMAGEWEST Lighting : imagewest.tv

LEE FILTERS : leefilters.com

LOWEL 조명 장비 : lowel.com

NIKON : nikon.com

Olympic/CCA '보타니컬 그린' 페인트 : Lowes.com

PANASONIC HVX200A 카메라 : panasonic.com

PHOTOFLEX CineDome 소프트박스 : photoflex.com

RED 카메라 : RED.com

REAL STREAM 어댑터 : BHPhotoVideo.com

REFLECMEDIA Chromatte/LiteRing : reflecmedia.com

ROSCO 페인트/DigComp : Rosco.com

SMITH VICTOR 조명 : smithvictor.com

SONY : Sony.com

ZYLIGHT : zylight.com

● 비디오 플러그인, 소프트웨어 등

이 책에 언급된 대부분의 비디오 플러그인, 소프트웨어는 Toolfarm.com이나 판매자의 웹사이트에서 정보를 제공한다.

ADOBE After Effects, Photoshop, OnLocation, Ultra : Adobe.com

APPLE Final Cut Studio, Shake : Apple.com

Artbeats 스톡 영상 : Artbeats.com

AUTODESK 3ds Max : Autodesk.com

BORIS FX, Inc. Continuum Complete : Borisfx.com

CHV Bezier Garbage Matte Pro : Chv-plugins.com

DAZ Carrara Pro 5 : Daz3d.com

DIGITAL FILM TOOLS Composite Suite, zMatte : DigialFilmtools.com

dvGarage dvMatte Pro : dvgarage.com

e-on Vue : eon.com

THE FOUNDRY Keylight : TheFoundry.co.uk

IMAGINEER SYSTEMS Mocha and MochaAE : ImagineerSystems.com

MAXON Cinema 4D : Maxon.com

NEWTEK Lightwave : Newtek.com

OAK STREET SOFTWARE vKey2 : OakStreetSoftware.com

RED GIANT Magic Bullet Looks, Magic Bullet Frames, Primatte Keyer Pro, Key Correct Pro : RedGiantSoftware.com

RE:Vision Effects FieldsKit, DE:Noise, ReelSmart Motion Blur, Twixtor Pro : Revisionfx.com

● 교육 및 기타 자료

『DV Rebel's Guide』(스투 마슈비츠Stu Maschwitz 지음) : rebelsguide.com

FILMdyne : FILMdyne.com

Lynda : Lynda.com

Maxon Cineversity : cineversity.com

MicroFilmmaker Magazine : Microfilmmaker.com

Toolfarm : Toolfarm.com

istockphoto.com

용어 설명

공공 도메인 저작권 등록이 되어 있지 않은 이미지, 예술 작품, 영상, 음악, 기타 창작물로서 저작권의 기한이 만료되었거나 저작권을 설정한 적이 없는 대상을 가리킨다.

그린스크린 블루스크린과 유사한 새로운 기술로 녹색의 키 배경을 사용한다. 연구 결과에 의하면 디지털 녹화 방식은 전방의 다른 색에서 녹색을 좀 더 섬세하게 분리하기 때문에 파란색보다 녹색에서 촬영했을 때 훨씬 좋은 결과를 얻을 수 있다.

노출계 적정 노출 값을 찾기 위한 목적으로 피사체나 배경을 비추는 빛의 양을 측정하는 장비

노크 아웃 매트를 지칭하는 속어

디지털 매트 페인팅 2D나 3D 컴퓨터 환경에서 만들어진 매트 페인팅. 그린스크린에 디지털 배경을 합성하기가 훨씬 수월하기 때문에 기존의 매트 페인팅에 비해 많이 사용된다.

라이트 랩 일부 배경 색으로 전방 피사체의 윤곽을 감싼 부분을 말한다. 이런 기능을 사용하여 윤곽을 잘 블렌딩 하면 전경이 장면의 일부로 보이게 된다.

렌더링 3D, 특수효과, 편집 프로그램에서 작업한 장면이나 과정을 실제 2D 또는 애니메이션으로 전환하는 마지막 과정을 말한다.

로토스코핑 연속 사진 또는 CGI 영상을 한 프레임씩 투사하고 예술가가 윤곽선

을 따라 그리거나 덧그림을 그리는 것이다. 비디오나 필름에 그림을 그리는 것과 같다.

루마 휘도 또는 명암 정보

루마 키잉 색이 아닌 명암을 사용하여 배경을 제거하는 것이다. 대개 순수한 흰색이나 검은색을 사용한다.

마스크 투명한 부분을 표시하는 싱글 채널 레이어를 가리키거나 또는 프로그램으로 이미지의 일정 부분을 제외하는 것을 말한다. 색상 매트도 마스크의 일종이지만 대부분의 사람들은 마스크를 이미지에서 사물을 제거하기 위해 손으로 그린 가비지 매트와 같은 것을 가리키는 용어로 사용한다.

매트 다른 이미지에 대한 투명도나 불투명도가 설정된 싱글 채널 레이어를 말한다. 키어에서 녹색을 지정하면 전경 이미지의 모든 녹색 부분이 매트로 설정됨에 따라 매트가 만들어진다. 매트는 마스크의 일종이지만 보통은 크로마 매트와 같이 키잉이나 합성을 지칭할 때도 매트라는 용어를 사용한다.

매트(또는 키)의 추출 전경 이미지에서 녹색을 제거한 부분을 투명하게 만드는 것

매트 초커 매트를 하나의 픽셀 단위로 좁히거나 넓히는 도구

매트 페인팅 실제 연기에 매트 작가의 (유리에 그린) 작품이 결합된 전통적인 사진 기술을 말한다. 필름 작업을 위해 유리에 그림을 그리는 데는 많은 비용과 기술적 어려움이 따르기 때문에 최근에는 디지털 매트 페인팅을 하는 경우가 훨씬 많다.

멀티패스 이미지 3D 프로그램에서 만들어질 때의 정보, 즉 3D 뎁스 맵, 카메라, 조명 맵, 반사 맵을 여러 개의 레이어에 갖고 있는 3D 이미지. Shake나 After Effects와 같은 합성 프로그램에서 정보가 사용되면 키를 추출한 배우, 3D 배경, 사물 간에 훨씬 실감 나는 합성을 할 수 있다.

모션 매트 프레임마다 크기와 위치가 변하는 매트. 키를 추출한 그린(블루)스크린 영상 그리고 알파 채널을 사용한 3D 애니메이션은 모두 모션 매트를

사용한다.

모션 블러 빠르게 움직이는 피사체가 필름이나 비디오에 포착되었을 때 흐리게 나타나는 현상으로 셔터 속도의 영향을 받는다.

모션 캡처 실제 공간의 배우나 물체의 움직임으로 애니메이션 캐릭터의 움직임을 자동으로 조종하는 애니메이션 기술

배경 화면 그린스크린 영상의 배경으로 합성하려는 화면

백라이트 키커 조명으로 불리기도 하는 이 조명은 머리 뒷부분에 섬세한 빛을 비춰 피사체의 외곽 형태가 잘 드러나도록 한다.

백열등 텅스텐이라고도 하는 이 조명의 색 온도는 3,200K이다. 가장 흔히 사용하는 백열등은 할로겐전구이다.

블루스크린 균일한 조명하에서 푸른 단색의 벽을 배경으로 배우자가 연기하는 작업을 말하며, 파란색의 배경은 후반 작업에서 크로마키 과정을 거쳐 다른 영상이나 컴퓨터에서 만든 배경으로 대체된다. 또한 이런 유형의 작업에 사용되는 단색의 파란색 배경을 가리킨다.

사이크 조명 장치의 길이를 따라 여러 개의 전구가 정렬된 형태로 조명 박스를 연결한 것으로 길이 면의 수직 방향으로 빛을 투사한다. 조명 박스들을 곡선으로 연결하여 파노라마식 또는 다른 배경에 균일한 빛을 투사하기도 한다.

색 보정 후반 작업에서 영상의 색을 바로잡고, 변경하고, 향상시키는 작업

색 온도 검은 물체를 실제로 가열했을 때, 특정 광원에서 나오는 것과 동일한 색상을 발생시키기에 충분한 복사 에너지의 발생 온도로 광원의 색상을 표시하는 것을 말한다.

셔터 속도 카메라의 셔터가 열리고 닫히는 속도를 말하며, 카메라의 옵티컬 센서에서 각 필름이나 비디오 녹화 프레임에 얼마나 많은 빛이 기록되는지 결정된다. 셔터 속도가 느리면 입사광이 커지는 반면 블러가 발생하고, 셔터 속도가 빠르면 입사광이 작아지고 훨씬 선명한 이미지가 찍힌다.

소프트박스 조명을 에워싼 반사식 밀폐 상자 앞부분의 디퓨전 면에 모든 광선

을 모아 부드럽고 방향성이 없는 빛을 투사하는 장치이다.

스톡 배경 영화나 방송 제작에 가격을 지불하고 사용할 수 있는, 저작권 없는 배경을 말한다.

스톱 모션 애니메이션 피사체를 조금씩 움직여서 한 프레임씩 촬영하여 만든 애니메이션의 형식이다.

스필 배경에서 배우에게 반사된 색이 있는 빛을 말한다.

스필 알고리즘 피사체에서 스필을 감소시키거나 제거하는 특수 기능으로 대부분의 키어에 내장되어 있다.

스필 제거 전방의 피사체에 영향을 미치는 빛을 감소시키는 것을 말한다.

아티팩트 제거 이미지나 비디오에서 잡티와 압축으로 인한 흔적을 제거하는 것을 말한다.

알파 채널 그래픽이나 3D 소프트웨어에서 사용하는 특수한 유형의 알파 채널은 이미지의 투명한 부분을 표시한다. 알파 채널이 부여된 이미지나 영상은 알파 채널을 지원하는 다른 프로그램에서도 투명도를 유지할 수 있다. 마스크에서와 마찬가지로 알파 채널의 가장 어두운 부분이 가장 투명한 부분을 나타내며, 흰 부분은 불투명하고 다양한 중간 톤은 투명한 정도를 표시한다.

압축 비디오나 이미지를 쉽게 변형하고 빨리 전송할 수 있도록 파일 크기를 축소하는 것이다. 무손실과 손실의 두 가지 방식이 있다. 무손실 압축은 녹화 정보를 제거하지 않으므로 최고의 화질을 제공하지만 이미지의 크기가 매우 크다. 손실 압축은 파일의 크기를 축소하기 위해 유동적인 분량의 정보를 제거하므로 이미지의 화질을 떨어뜨린다. 비디오 영상에서 순수한 무압축 비디오는 단지 크기적 제약 때문에라도 거의 모든 녹화에서 어떤 형태로든 손실이 발생한다. 하지만 RAW나 RedCode RAW를 생성하는 일부 손실 녹화와 같은 형태에서는 손실이 거의 발생하지 않는다. 압축률이 매우 높은 포맷으로는 HS, HSV, DV가 있다.

업컨버전 비디오의 화질을 SD에서 HD로 높이는 것을 말한다.

역제곱 법칙 빛이 일정 비율로 감소되는 것이 아니라 피사체로부터의 거리의 제곱에 반비례하여 감소한다는 것이다.

인터레이스 이미지 프레임에서 모든 홀수 선을 먼저 주사하고 짝수 선을 주사하는 방식을 말하며, 인터레이스를 하면 풀 프레임이 아닌 하프 프레임, 즉 필드를 주사한다. 인터레이스 방식은 TV 채널에 할당된 대역폭이 초당 60개의 풀 프레임을 전송하기에 충분치 않았기 때문에 반세기 전에 TV 방송을 위해 개발된 것이다. 시각적으로는 60개의 하프 프레임 인터레이스 방식이 30개의 풀 프레임 논인터레이스 방식에 비해 훨씬 효과적이다.

전방의 화면 그린스크린을 배경으로 촬영한 피사체나 배우의 영상

젤 투사된 빛의 색을 변경하기 위해 조명에 덧대는 유색의 얇은 플라스틱 필름

조리개 카메라의 센서에 영향을 미치는 빛의 양을 결정하는 렌즈의 개방 정도를 가리킨다. 노출치는 f-stops 또는 f-numbers의 단위로 측정한다.

주 피사체 카메라의 초점을 맞춘 사람이나 사물이며, 대개의 경우 배우를 말한다.

지향성 조명 주도적인 방향에서 비추는 조명으로 피사체나 배우에게 그림자가 생기도록 빛을 비춘다. 자연 발생적인 형태의 조명은 태양광이고, 인공적으로 만들어진 조명은 키라이트이다.

추적 마크 후반 작업에서 카메라 이동 숏을 추적하거나 배경과 카메라의 움직임을 동기화할 수 있도록 그린스크린에 표시하는 점이나 십자 형태의 표식

카메라의 샤프니스 기능 카메라의 인위적인 샤프니스 기능을 이미지에 적용하여 선명도를 높이고 초점을 맞추면, 이 기능을 실행한 후에는 제거가 거의 불가능한 아티팩트와 불필요한 요소가 생성된다. 그린(블루)스크린 작업 시에는 사용하지 않도록 한다.

캘빈 색 온도를 측정하는 공식적인 단위로 캘빈 경의 이름을 딴 용어이다(참고 : 색 온도).

컬러 키 크로마키와 같은 의미로 2개의 이미지나 프레임을 합성하는 기술. 한

쪽 이미지에서 어떤 색 또는 일정 범위의 색을 제거하거나 투명하게 만들고 그 뒤에 있는 다른 이미지로 대체한다.

코덱 encoder-decoder 또는 compressor-decompressor. 디지털 데이터나 신호를 부호화했다가 복호화하는 장치 또는 컴퓨터 프로그램을 말한다.

크로마 색차 또는 색 정보

크로마키 이미지로부터 어떤 색상 또는 좁은 범위의 색상을 제거하거나 투명하게 만들어 그 뒤에 있는 다른 이미지가 보이게 하는 기술로 2개의 이미지나 프레임을 합치는 데 사용한다.

클린 플레이트 프레임에 피사체가 없는 상태로 그린스크린을 촬영한 것이다.

키 라이트 지향성 조명의 하나로 가장 강한 주 광원을 가리키는 사진 용어이다. 주도적으로 그림자를 생성한다.

키어 피사체 후면의 그린(블루)스크린을 제거한 부분에 배경이 보이도록 하는 소프트웨어 또는 기계적 장치

키홀 키잉으로 매트를 제거한 전경에서 투명하게 보이는 부분

타임라인 비디오 시퀀스의 지속 시간, 영상 순서, 효과, 기타 요소를 순차적으로 나열한 것을 말한다.

탤런트 탤런트와 엑스트라를 일반적으로 가리키는 비공식 용어

텅스텐 필라멘트에 사용된 금속의 유형을 따서 이름을 붙인 백열등으로 색 온도는 3,200K이다. 할로겐은 가장 인기가 좋은 유형의 텅스텐 조명이다.

트래킹 숏 그린스크린에 추적 마크를 표시하고 이동 카메라로 촬영한 장면. 후반 작업의 매치 무빙 또는 추적 프로그램은 마크를 추적하여 간격과 카메라의 움직임이 일치하는 변화하는 배경으로 그린스크린을 교체한다.

파노라마식 배경 무대의 후방에 매달아 두는 커튼이나 대개는 오목한 형태로 설치된 벽을 가리킨다. 그린스크린에서는 각진 모서리나 구석에 그림자가 드리우지 않도록 부드럽고 오목한 곡선 형태로 제작된 그린스크린 무대 구조를 말한다.

평면 조명 그림자가 거의 또는 전혀 생기지 않는 저대비 명암의 조명. 배우의 바로 정면이나 시선을 설정하는 카메라의 방향과 최대한 가깝게 설치하여 그림자를 감소시키는 중심축 조명으로 사용된다.

프레넬 초점 조절이 가능한 스폿 조명으로 영화, 방송, 연극에 사용된다. 조명의 뒤에 있는 다이얼을 돌려 초점의 범위가 좁은 '스폿'과 범위가 넓은 '플러드' 사이에서 설정한다. 초점 조절이 가능한 이 조명 장치를 발명자인 오귀스탱 장 프레넬의 이름을 따서 프레넬이라고 부르는 이유는 조명의 광선을 전반적으로 부드럽고 균일하게 비추는 파형 물결 형태의 유리 프레넬 렌즈를 조명의 앞에 끼워 사용하기 때문이다.

프로그레시브 스캔 논인터레이스 방식이라고도 하며 화면의 상단부터 순차적으로 주사한다. 현대의 모든 컴퓨터 화면과 많은 디지털 TV 포맷은 프로그레시브 방식을 지원한다. 예를 들어, 720p는 프로그레시브 스캔 신호로 720 라인을 디스플레이 하는 HDTV 포맷을 가리킨다.

플러그인 호스트 응용프로그램의 성능을 확장시키는 프로그램으로 단독으로 사용될 수 없다.

필라이트 장면의 명암 대비를 감소시키고 이미지에서 그림자 진 부분의 밝기를 다소 높여 주는 조명이다. 대부분의 조명 설계에서 필라이트는 피사체를 비추는 주 조명의 90도 각도에서 비춘다.

할로겐 텅스텐 조명의 일종으로 재생 텅스텐 필라멘트를 가열하는 전구 때문에 다른 텅스텐 조명보다 열이 많이 발생한다.

합성 출처가 서로 다른 시각 요소들을 종합하여 하나의 이미지 또는 일련의 이미지를 만드는 것으로, 이 모든 요소들이 마치 하나의 장면을 이루는 부분인 것과 같은 환상을 만드는 것이다. 예를 들어, 촬영한 영상에 3D 이미지(CGI)를 넣거나 그린(블루)스크린에서 촬영한 요소들을 넣는 것을 말한다. 최근에는 대부분의 합성 작업이 디지털 이미지 처리 과정을 거쳐 만들어진다.

형광등 가스 방전 전구의 일종. 전구의 한쪽 끝에 전극이 있는 유리 튜브 형태가 가장 일반적이며, 회전하여 장착하는 특수 형태의 전구도 있다. 전구는 대개 약간의 수은과 아르곤으로 충전되어 있다. 전극에 전류가 흐르면 아르곤 가스에 의해 수은이 증발한다. 수은이 자외선을 방출하면 형광 물질로 덮인 튜브의 측면을 자극하고, 형광 물질은 자외선을 가시광선으로 바꾼다. 특수 처리되지 않은 형광등은 주로 녹색을 띠기 때문에 균형이 맞아야 하는 광원으로는 적당치 않지만, 특수 처리되지 않은 그와 같은 조명은 그린스크린을 비추는 데 적합하다. 형광 튜브는 반드시 균형이 맞는 안정기에 넣어 사용한다. 균형이 맞지 않는 안정기의 방전은 균일하지 않은 빛을 내기 때문에 고속의 모션 분석기에서 영상을 재생할 때 60 사이클 플리커로서 쉽게 감지된다.

화이트 밸런스 디지털 정지 화상 카메라나 비디오카메라에 흰색의 기준점을 지정하여 다른 모든 색상을 자연스럽게 재현할 수 있도록 하는 기능

확산 빛을 산란시키는 반투명한 물질에 빛을 통과시키는 것을 말한다. 광선을 산란시키기 위해 조명 앞에 설치하는 소프트박스나 플래그의 직물을 디퓨전이라 부르기도 한다.

확산광 빛을 산란시키는 확산 장치를 통과하여 방향이 일정치 않은 조명을 말한다. 부드러운 특성을 가진 이런 형태의 빛은 직선적인 광선에 비해 얼굴을 돋보이게 한다. 그리고 직선적인 광선에 비해 일정하기 때문에 그린(블루)스크린과 같이 매우 균일한 조명이 필요한 곳에 사용된다.

24fps 기존의 필름 카메라는 초당 24프레임의 속도로 영상을 기록한다.

24P 초당 24 프로그레시브 프레임. 필름 카메라의 24fps에 해당하는 디지털 형식이다.

3,200K 실내조명에 해당하는 업계 표준의 캘빈 색 측정치. 3,200K는 약간의 오렌지 빛을 띤다.

35mm 렌즈 어댑터 35mm 필름 카메라의 일반적인 심도, 화각, 초점과 같은 효과를 내기 위해 DV, HDV, HD 카메라에 35mm 렌즈를 장착할 수 있도록 하

는 장치

3D 배경 Lightwave, 3D Studio Max, Cinema 4D와 같은 3D 프로그램에서 만든 CGI 배경 화면

4:1:1 대부분의 DV 카메라에서 사용하는 SD 압축의 색채 샘플링. 첫 번째 '4'는 4개의 픽셀 단위로 4개의 휘도 샘플링을 한다는 의미이다. 그다음 '1'은 첫 번째 라인에서 4개의 픽셀 단위로 4개의 색채 샘플당 1개의 정보를 기록한다는 의미이다. 또 그다음 '1'은 두 번째 라인에서 4개의 픽셀 단위로 4개의 색채 샘플당 1개의 정보를 기록한다는 의미이다. 이와 같은 방식을 반복하며 전체 이미지를 기록한다.

4:2:0 PAL 카메라 고유의 압축에서는 물론 MPEG-2 압축에서도 사용하는 색채 샘플링. 첫 번째 '4'는 4개의 픽셀 단위로 4개의 휘도 샘플링을 한다는 의미이다. 그다음 '2'는 첫 번째 라인에서 4개의 픽셀 단위로 4개의 색채 샘플당 2개의 정보를 기록한다는 의미이다. 또 그다음 '0'은 두 번째 라인에서 4개의 픽셀 단위로 4개의 색채 샘플당 0개의 정보를 기록한다는 의미이다. 이와 같은 방식을 반복하며 전체 이미지를 기록한다.

4:2:2 대부분의 HD 카메라에서 사용하는 HD 압축의 색채 샘플링. 첫 번째 '4'는 4개의 픽셀 단위로 4개의 휘도 샘플링을 한다는 의미이다. 그다음 '2'는 첫 번째 라인에서 4개의 픽셀 단위로 4개의 색채 샘플당 2개의 정보를 기록한다는 의미이다. 또 그다음 '2'는 두 번째 라인에서 4개의 픽셀 단위로 4개의 색채 샘플당 2개의 정보를 기록한다는 의미이다. 이와 같은 방식을 반복하며 전체 이미지를 기록한다.

4:4:4 DSLR이나 REDCode 카메라에서 사용하는 RAW 이미지 포맷, 그리고 저압축이나 무압축 비디오카메라의 색채 샘플링. 첫 번째 '4'는 4개의 픽셀 단위로 4개의 휘도 샘플링을 한다는 의미이다. 그다음 '4'는 첫 번째 라인에서 4개의 픽셀 단위로 4개의 색채 샘플당 4개의 정보를 기록한다는 의미이다. 또 그다음 '4'는 두 번째 라인에서 4개의 픽셀 단위로 4개의 색채 샘

플당 4개의 정보를 기록한다는 의미이다. 이와 같은 방식을 반복하며 전체 이미지를 기록한다.

5,600K 실외 또는 태양광 조명에 해당하는 업계 표준의 캘빈 색 측정치. 5,200K는 약간의 푸른빛을 띤다.

AVI Audio Video Interleave. RIFF(Resource Interchange File Format)의 특별한 형태로 MICROSOFT에서 만들었다. PC에서 가장 많이 사용되는 오디오 · 비디오 데이터 포맷이다. AVI는 실제적인 업계 표준의 대표적인 사례라고 할 수 있다.

CGI 특수효과를 만들거나 보강하려고 컴퓨터 그래픽을 사용하여 컴퓨터에서 생성한 이미지

DSLR Digital Single Lens Reflex(디지털 일안 반사식 카메라). 일안 반사식 구조를 가진 디지털 방식의 정지 화상 카메라. 과거에는 디지털카메라가 아닌 아날로그 방식의 필름 카메라를 사용했음에도 불구하고 대부분의 전문적인 카메라는 항상 일안 반사식 구조를 고수해 왔다.

DV Digital Video. DV라는 용어는 Standard-Definition(SD), NTSC 비디오카메라, PAL 비디오카메라, High-Definition 비디오를 포함하여 DV 테이프에 녹화할 수 있는 모든 카메라를 가리키지만 주로 SD NTSC 비디오를 지칭한다. SD DV 영상의 색 샘플링은 4:1:1이다.

F-스톱 렌즈나 카메라의 조리개 값을 말하며, 렌즈의 초점 거리를 조리개의 직경으로 나눠 계산한다. 초점거리 200mm 렌즈의 조리개 직경이 50mm인 경우의 f-스톱은 4이다. f4, F4, 1:4로 표기하기도 한다. f-스톱의 실제 값은 분수이기 때문에 수치가 높을수록 센서에 닿는 빛이 적어진다.

HD High Definition. 즉 고화질을 의미하며 최근에는 가로 픽셀 수 1,080~1,920의 영상을 가리킨다. 대부분의 HD는 4:2:2의 색 샘플링을 한다.

HDV High Definition Video. 가로 픽셀 수 1,080~1,920의 포맷을 가리킨다. 비디오는 MPEG-2, 오디오는 MPEG 오디오 코덱으로 압축하며 4:2:0의 색

샘플링을 한다.

HMI 가장 일반적인 유형의 아크 방전 전구. 전류가 HMI 전극을 통과할 때 아크가 활성화되어 전구 가스는 발광 상태가 된다. 발광된 빛의 스펙트럼은 자외선과 가시광선을 포함하며 유해한 요소는 조명 장치의 UV 필터로 차단된다. HMI 조명은 밸런스를 맞춘 조명으로 강한 흰색의 빛을 투사한다. HMI를 전환 안정기와 함께 사용하면 깜빡거림이 거의 없는 균일한 빛을 투사할 수 있지만 다른 유형의 안정기는 안정성이 떨어지므로 주의한다.

IRE Institute of Radio Engineers. 비디오 레벨을 측정하는 방법으로 비디오 신호의 최고점 간 진폭의 1/140에 해당하는 단위를 사용하는데, 이는 1볼트와 같다.

LED Light Emitting Diode. 전류가 한 방향으로만 흐르게 하는 작은 전기 부속으로 전기가 공급되면 전구처럼 발광한다. 전기 소모가 거의 없기 때문에 다른 종류의 조명에 비해 훨씬 저렴하며, 수명은 1만~50만 시간이다. 또한 원하는 대로 색상을 바꿀 수 있어서 그린(블루)스크린 조명에서 활용도가 높다.

NTSC National Television Standards Committee. 미국을 비롯한 북미에서 사용하는 컬러 방송 시스템이다. NTSC의 필드 주파수는 60Hz이며 525개의 주사선을 갖는다. 4:1:1의 색 샘플링을 하며 색차 신호를 부반송파에 스트레이트 위상/진폭 변조시켜 전송한다.

PAL Phase Alternation Line. 프랑스를 제외한 유럽 전역에서 사용하는 컬러 방송 시스템이다. PAL의 필드 주파수는 50Hz이며 625개의 주사선을 갖는다. PAL의 전송 방식은 NTSC와 유사하지만 180도 회전된 색 정보를 가지며 4:2:0의 색 샘플링을 한다.

QuickTime APPLE에서 이미지·비디오 재생을 위해 개발한 프로그램으로 이미지, 텍스트, 비디오, 애니메이션, 음악, 파노라마 이미지를 재생한다.

RAID Redundant Array of Independent Disks(원래는 Redundant Array of Inexpensive Disks). 복수의 하드디스크에 데이터를 분산시켜 병렬로 읽는

장치. 같은 데이터를 복수 저장하기 때문에 하드 드라이브가 크래싱 되어도 손상된 디스크의 모든 정보는 교체한 디스크에 정상적으로 복원된다.

RAW 압축되지 않은 또는 '가공되지 않은raw' 디지털 데이터. DSLR 카메라와 RED One 같은 디지털 시네마 카메라의 중요한 스펙으로 여기서 최소한도로 압축된 이미지가 고화질 후반 작업과 효과 작업에 필요한 원래의 녹화 정보를 최대한 보유하도록 만들어졌다. 최상위 화질로 렌더링 되어 데이터의 용량도 매우 크기 때문에 넓은 저장 공간과 대역폭을 필요로 한다. 파일 확장자는 NIKON, CANON, RED와 같은 제작사에 따라 다양하다.

REDCode RAW 가변 비트율 웨이브릿 압축으로, 4,096×2,304 화소에 달하는 가공되지 않은 센서 데이터를 실제적인 카메라 녹화에 맞춰 압축한다. 현재까지는 28MB/s(224메가비트)와 36MB/s(288메가비트)의 두 가지 데이터 비율이 있다. 센서에 캡처된 무압축 데이터와 비교할 때 각각 12:1과 9:1의 압축률을 갖는다. [가변 비트율(가변 비트 레이트) : 데이터의 용량에 따라 비트를 할당하고 인코딩 상황에 따라 압축률이 달라진다. 웨이브릿 압축 : 여러 블록으로 압축되는 JPEG와 달리 영상 전체를 압축하므로 높은 압축률에도 블록 손실 문제가 발생하지 않는다. ─ 옮긴이]

RPF Rich Pixel Format. 3D 프로그램에서 카메라 뎁스, 반사 데이터 등 유용한 3D 정보를 기록한 이미지 형식을 가리킨다.

SD Standard Definition. 2009년까지 미국에서 가장 많이 사용된 포맷으로 가로세로의 픽셀 비율이 720×480인 NTSC를 가리킨다. NTSC의 색 샘플링은 4:1:1이다.

virtual set 그린스크린 스튜디오에서 촬영한 실제의 배우나 사물 주위에 가상 현실을 만들기 위해 컴퓨터로 제작한 무대를 말한다.

zebra 장면의 노출 과다 부분을 시각적으로 확인할 수 있도록 뷰파인더의 하이라이트에 대각선으로 표시하는 카메라 설정

인디 영화를 위한
크로마키 촬영과 이미지 합성

초판인쇄 2013년 8월 30일
초판발행 2013년 9월   5일

지은이   Hanke & Yamazaki
옮긴이   이성은
펴낸이   박찬후
편집   박민정
디자인   김은정

펴낸곳   북허브
등록일   2008. 9. 1

주소   서울시 구로구 구로2동 453-9
전화   02-3281-2778
팩스   02-3281-2768
e-mail book_herb@naver.com
          http://cafe.naver.com/book_herb

＊잘못된 책은 구입하신 서점에서 바꾸어 드립니다.

값 17,000원
ISBN 978-89-94938-13-4(93680)